Luc Jochimsen
Dieses Jahr in Jerusalem

Luc Jochimsen

Dieses Jahr in Jerusalem

Theodor Herzl – Traum und Wirklichkeit

Aufbau-Verlag

Herausgegeben von Michel Friedman

Mit 8 Abbildungen

ISBN 3-351-02576-9

1. Auflage 2004
© Aufbau-Verlag GmbH, Berlin 2004
Einbandgestaltung Andreas Heilmann, Hamburg
Druck und Binden Ebner & Spiegel, Ulm
Printed in Germany

www.aufbau-verlag.de

»Wir haben überall ehrlich versucht, in der uns umgebenden Volksgemeinschaft unterzugehen und nur den Glauben unserer Väter zu bewahren. Man läßt es nicht zu.

Vergebens sind wir treue und an manchen Orten sogar überschwengliche Patrioten, vergebens bemühen wir uns, den Ruhm unserer Vaterländer in Künsten und Wissenschaften, ihren Reichtum durch Handel und Verkehr zu erhöhen.

In unseren Vaterländern, in denen wir ja auch schon seit Jahrhunderten wohnen, werden wir als Fremdlinge ausgeschrien; oft von solchen, deren Geschlechter noch nicht im Lande waren, als unsere Väter da schon seufzten.

Wer der Fremde im Lande ist, das kann die Mehrheit entscheiden; es ist eine Machtfrage ...«

Der Judenstaat, 1896

Wer der Fremde im Lande ist …
Budapest, 1860–1878

In der Pester Tabakgasse, im Haus direkt neben der Synagoge, wurde am 2. Mai 1860 Theodor Herzl geboren. Hebräischer Name: Binjamin Seew ben Jaakob Herzl. Ungarischer Name: Tivadar Herzl. Kosename: Dori. Zärtliche Anrede für die Eltern: Mamakám und Papakám.

Ein jüdisches Kind?

Ein ungarisches Kind?

Die jüdisch-ungarische Familie Herzl lebte inmitten von Rumänen, Slowenen, Deutschen, Kroaten, Slowaken und Serben, die zusammen die Mehrheit der Bevölkerung Ungarns ausmachten. Die Ungarn waren eine Minderheit in ihrem eigenen Land und die ungarischen Juden eine Minderheit der Minderheit. Theodor/Tivadar wuchs in einem komplizierten Milieu auf. Freiheit, Rechte, Selbständigkeit wurden im unterdrückten Kronland allen Bevölkerungsgruppen vorenthalten. Man lebte also ungefähr so schlecht wie alle anderen auch. Aber dann kam 1867 die Wende. Das angeschlagene Haus Habsburg gewährte Ungarn, um zu retten, was zu retten war, einen selbständigen Status innerhalb der Doppelmonarchie und eine eigene Verfassung. Und die schrieb die rechtliche Gleichstellung aller Volksgruppen fest. Das heißt: Von nun an lebten die Juden ungefähr so gut wie alle anderen auch. *Emanzipation* war keine Utopie mehr, bürgerliche Gleichberechtigung wurde möglich, allerdings unter der Bedingung der Assimilation.

Budapest, 1873
Aus der Maria-Valerie-Gasse wurden elegant gedruckte Karten in wohlgesetztem Deutsch verschickt: »Herr und Frau Jacob Herzl beehren sich, Sie zu der am 3.t May Vormittags 11 Uhr

stattfindenden Confirmation ihres Sohnes Theodor höflichst zu laden.«

Wieso *Confirmation*?

Sollte der 13jährige Sohn des wohlhabenden jüdischen Geschäftsmanns und Direktors der Hungaria-Bank Herzl tatsächlich konfirmiert werden? War er getauft? Waren seine Eltern zum Christentum übergetreten? Keineswegs – seine Bar-Mizwah sollte gefeiert werden, aber es war eben so, daß man »im trauten Familienkreise Bar-Mizwah-Feier sagte; der Welt gegenüber nahm sich Confirmation gebildeter, moderner aus«.[1]

Der Welt gegenüber wollte die Familie gebildet und modern erscheinen, assimiliert.

Budapest, 1873
Das war eine schnell wachsende Stadt mitten im wirtschaftlichen Aufschwung. 300 000 Einwohner hatte man gerade gezählt, darunter fast 50 000 Juden. Eine Boom-City mit hektischem Börsenbetrieb, nicht weniger hektischem Parlament, einer Oper, mehreren deutschen und ungarischen Theatern, Grand-Hotels, Kaffeehäusern, Boulevards, Mietspalästen, öffentlichen Bücherhallen, Museen, guten Schulen, Tageszeitungen in allen Sprachen …

Budapest, 1873
Das war das »Zentrum der städtischen Judenheit«.

Die große Familienfeier Confirmation/Bar-Mizwah von Theodor/Tivadar fand an zwei prominenten Orten statt: zunächst in der Synagoge in der Dohany-Straße, Budapests »Neuer Synagoge«, vom Wiener Ringstraßenarchitekten Ludwig Förster erbaut und in jedem Baedeker dieser Zeit als große Sehenswürdigkeit erwähnt mit ihren beiden 44 Meter hohen Türmen, den schimmernden Kuppeln und der ganz und gar maurischen Fassade, und anschließend in der eleganten Wohnung im 3. Stock des Thonethofs direkt am Donau-Ufer, einem der modernsten, prestigereichsten und teuersten Mietshäuser der Stadt. Vormittags Ritual, nachmittags Empfang, Geschenke, Telegramme, festliche Speisen, Verwandtschaft und ein großer Freundeskreis, ein ganz und gar erwachsen eingekleideter Junge, strahlende Eltern ...

Leider ist kein Foto überliefert. Da es aber viele Einzel-Abbildungen der Familie Herzl aus dieser Zeit gibt, läßt sich durchaus ein imaginäres Gruppenbild zusammenstellen, eine Momentaufnahme der Familiengeschichte zu dieser Zeit.

Da ist also der Vater: Jacob Herzl, 38 Jahre alt, ein Selfmademan, der durch Speditions-, Kommissions- und Bankgeschäfte schnell reich geworden ist, obwohl er erst als 15jähriger nach Ungarn, als 21jähriger nach Budapest kam. Ein Zuwanderer aus Semlin, der österreichischen Grenzstadt gegenüber von Belgrad. Seine Schulbildung dort bestand aus vier Klassen »deutscher Normalschule«, dann gings zu Verwandten nach Debreczin in die Geschäftslehre.

Neben ihm, aus dem fernen Semlin angereist, der Großvater: Simon Loeb Herzl, ein tief religiöser Mann, der etwas fremd wirkt in diesem eleganten Budapester Salon. Dessen strahlender Mittelpunkt dagegen ist Theodor Herzls Mutter Jeanette, 37 Jahre, geborene Diamant, Budapesterin in der 2. Generation aus sehr reichem, betont assimiliertem Elternhaus. Eine schöne, mondäne Frau, für die Kultur gleichbedeutend mit deutscher Kultur war: deutscher Sprache, deutscher Literatur, deutscher Philosophie ...

Wen könnten wir noch auf diesem Gruppenfoto sehen?

Vielleicht den reichen Onkel Max Herzl aus Wien, wo es ja noch gebildeter und moderner zuging. Oder den tapferen Onkel Wilhelm Diamant, der am ungarischen Freiheitskampf teilgenommen und es bis zum Oberleutnant gebracht hatte. Ganz sicher wären die reichen Tanten Abeles aus der Nachbarschaft zu erkennen, deren Mäzenatentum sprichwörtlich war in der Stadt – und die fromme Semliner Großmutter Rebekka.

Auf jeden Fall sehen wir Pauline, Theodor Herzls ein Jahr ältere Schwester, in Taft und Seide gekleidetes Ebenbild der Mutter, die unbedingt Schauspielerin am deutschen Theater in Budapest werden will.

Und dann natürlich die Hauptperson selbst: ein altkluges, hochgebildetes Kind, von Schule, Hauslehrern und Eltern in einer Weise auf Bildung ausgerichtet, wie man es heute gar nicht mehr nachvollziehen kann. Deutsch, Ungarisch, Französisch, Englisch, Rechnen, Zeichnen, Schönschreiben, Klavierspiel, »Hebräische Lehrgegenstände«, Geographie, Geschichte, Geometrie, technisches Zeichnen waren seine Unterrichtsfächer, und stets galt es, »Großes« zu leisten. Kein Wunder, daß der 13jährige Oberrealschüler zur Zeit seiner *Confirmation*/Bar-Mizwah sich selbst schon als Nachfolger von Ferdinand Lesseps sah, dem berühmten und gefeierten Erbauer des Suezkanals. Er würde – wenn erwachsen – die Landenge von Panama durchstechen, das hatte er seinem Vater anvertraut.

Es gibt dieses Familienfoto vom 3. Mai 1873 in Budapest leider nicht. Es gibt aber die überlieferte Erinnerung eines Onkels an die Feier. Sie beschreibt uns den *Confirmanten* als von Familie und Freunden gefeierten Redner, der »den Gästen für ihren Besuch und seinen Eltern tränenden Auges für die gute Erziehung, die sie ihm angedeihen ließen, dankte. Zum Schluß gelobte er, dem Judentum unter allen Umständen treu zu bleiben. Hierauf wurde der Bar-Mizwah-Knabe von Rabbiner Meisel mit dem üblichen Jeworechecho-Segen beglückwünscht.«

Eine Kindheit voller Zuwendung, Anstrengung, Stolz, in komfortablem Wohlstand, ohne Sorgen und im festen Glauben, daß alles im Leben besser werden würde, wenn man nur genug gebildet und modern, zivilisiert und assimiliert sein würde – angenehm »der Welt gegenüber«.

Budapest, 1873
In der zweiten Jahreshälfte kam die Kehrtwende. Eine vom großen Börsenkrach ausgelöste Wirtschaftsdepression setzte ein. Der Vater verlor fast sein ganzes Vermögen.

In der schnell wachsenden Stadt brach – hinter ihrer modernen Fassade – die Cholera aus.

Ungarischer Nationalismus beherrschte erneut die Tagesordnung. Von wegen Vielvölker-Urbanität! Klagen wurden laut, daß die »ganze Presse in jüdischer Hand« wäre und die jüdischen Lehrer eine eigne Börse für ihre Spekulationen betrieben hätten. Antisemitismus wurde wieder einmal Zeitgeist. In der Pester Oberrealschule waren die jüdischen Schüler in der Minderheit – das bekamen sie nun zu spüren. Das Jahr endete also ganz anders, als es begonnen hatte. Aber mit solchen Rückschlägen konnte die Familie Herzl umgehen. Der Lebensstil wurde eingeschränkt, nur an der Bildung der Kinder wurde nicht gespart. Im Gegenteil: Das mütterliche Vermögen sorgte für noch mehr Privatunterricht als bisher – als Vorbereitung aufs Gymnasium.

Es gab Auswege und Fluchten.

Der Privatunterricht war ein Ausweg.

Die Fluchten Theodor Herzls führten in ein Phantasiereich eigener Sagen, Märchen, Gedichte, Novellen und Erzählungen, bevölkert von mythologischen Helden, böhmischen Bauernfängern, sterbenden Komödianten, grotesken Scharlatanen … Tag und Nacht scheint der 13jährige mit Schreiben zugebracht zu haben. Seine erste Traumwelt entsteht – einer feindseligen Wirklichkeit entgegengestellt –, und für diese Traumwelt schafft er sich zugleich ein Publikum, frühe Fans, Mitstreiter und Bewunderer. Er gründete nämlich ganz einfach eine *Literaturgesellschaft* namens »Wir«.

Literaturgesellschaften waren en vogue um diese Zeit. Salon-Damen und Studenten, höhere Töchter und Abiturienten vergnügten sich mit großer und kleiner, eigener und überkommener Literatur in geselligen Zirkeln überall in der Stadt. Das war modern und gebildet – und deshalb auch genau das richtige für Theodor/Tivadar Herzl. Er schuf sich gewissermaßen einen literarischen Salon en miniature, allerdings in der straff geführten Organisationsform einer »Gesellschaft« mit Regelwerk und Ämterhierarchie. Die Gesellschaft hatte bei ihrer Gründungssitzung am 22. Februar gerade mal fünf Mitglieder: Theodor, seine Schwester Pauline, den Cousin Wilhelm und zwei Freunde. Trotzdem wurde als erstes ein Präsident gewählt: Theodor selbst natürlich, wenn auch mit knappster Mehrheit von 3:2. (Die beiden anderen Stimmen hatte seine Schwester Pauline erhalten.) Jedenfalls existieren seitdem die Unterschriften »Theodor Herzl, Präsident« auf Einladungen, Tagesordnungen, Protokollen.

Die »Gesellschaft« nahm schriftstellerische Werke entgegen. Sie mußten anonym, mit gesonderten Namenkuverts übergeben werden und wurden dann von zwei Kritikern rezensiert. Die akzeptierten Texte wurden bei den festlichen Veranstaltungen von »Wir« zum Vortrag gebracht und vom geladenen Publikum gelobt und/oder verrissen. Alle zwei Wochen fanden diese literarischen Abende in der Maria-Valerie-Gasse statt. Es war wie ein Fieber. Bei jeder Soiree kamen gleich mehrere Werke des jungen Präsidenten zur Aufführung. Die erhaltenen Protokolle nennen fast zwei Dutzend Titel, darunter eine ungarische Satire, in der ein Scharlatan namens Crysostomos Bombastus Elysaus Pfanhaueris, Rektor und Dekan der Universität Hundsheim, vom aufrechten Studenten Robertus Corilatus Stockbeinus entlarvt und vernichtet wird. Amüsante, groteske, bildungsschwere, phantasievolle Fluchten für kurze Zeit. Ende April fand die letzte Sitzung von »Wir« statt. Plötzlich löste sich der jugendliche Literaturzirkel auf. Die Werke verschwanden im sorgfältig gehüteten Archiv der »Gesellschaft« samt Regelwerk, Tagesordnungen und der Unterschrift »Theodor Herzl, Präsident«.

Budapest, 1875
Eine besonders prestigereiche Schule der Stadt war das Humanistische Evangelische Gymnasium. Es nahm Theodor Herzl zunächst als Hospitanten, dann als Schüler auf. Griechisch, Latein, Deutsch, Ungarisch, Logik, Geschichte, Geographie, Algebra, Geometrie, Religion, Philosophie, Physik waren seine Fächer. Hier waren interessanterweise die jüdischen Schüler in der Mehrheit.

»Lernen ohne Judenhetze und Judenhatz«, hat Herzl später festgehalten. Der Gymnasiast bringt exzellente Zeugnisse nach Hause.

Ein Mitschüler beschreibt den 16jährigen als stets elegant gekleideten Jungen, »immer gut gelaunt und stets zu Spaß und Witz aufgelegt, doch meistens überlegen, ironisch, sogar sarkastisch. Diese Eigenschaften machten ihn natürlich nicht populär, doch er war nicht unbeliebt, und sein lustiger, flotter Nihilismus bewirkte, daß er den Professoren und Mitschülern stets interessant erschien. Dem Judentum stand er fern, über alle religiösen Dinge äußerte er sich mit einem spöttischen Zynismus.«[2]

Mit der christlichen Religion dagegen befaßte er sich intensiv.

Überliefert sind ein Aufsatz über Savonarola und dieses Gedicht über Luther, das seiner evangelischen Schule große Freude bereitet haben mußte:

»Es ist aus langer Nacht
durch Luthers gewaltige Kraft
der deutsche Geist erwacht!
Und der Freiheit goldenes Licht
Bestrahlt der Erwachenden Angesicht:
Nach Canossa gehen wir nicht!«

»Der deutsche Geist«, die deutsche Sprache, die deutsche Literatur spielen in der Bildung und im Leben des Heranwachsenden eine so zentrale Rolle, daß man sich eher nach Berlin, Weimar oder Oldenburg versetzt fühlt als ausgerechnet ins Budapest jener Zeit, in der ungarisches Selbstbewußtsein immer mehr den Alltag prägte.

Magyarisierung hieß die politische Parole – während in der Familie *Das Deutsche* wie ein Fetisch gepflegt wurde.

Was waren die Herzls? Ungarische Juden? Jüdische Ungarn? Auf jeden Fall: deutsch denkende, deutsch sprechende Juden in Ungarn. So etwas Kompliziertes wird es wohl gewesen sein.

Budapest, 1877
Wir stellen vor: den Jungjournalisten Herzl. Der Gymnasiast als Feuilletonist. Wenn er ins Theater ging oder ein Buch las, schrieb er Rezensionen, die er dem »Pester Lloyd« schickte. Das war die deutsche Zeitung, die von den Liberalen, den Bürgerlichen und Neureichen Budapests gelesen wurde, und das war ungefähr jeder zweite Haushalt in der Stadt. Und der »Pester Lloyd« veröffentlichte einen Großteil dieser Texte, wenn auch anonym.

Ein zweites Arbeitsfeld waren Beobachtungen aus dem ungarischen Parlament. Da kämpften die vielen Minderheiten dieses neu geschaffenen Staates um ihren Status, ihren Platz in dieser neuen Ordnung. Seit zwei Jahren war der liberale Ministerpräsident Koloman Tisza im Amt und versuchte die Gratwanderung zwischen Magyarisierung einerseits und Assimilierung der vielen Volksgruppen andererseits zu bewerkstelligen. Koloman Tisza war Herzls Idol, die ständigen Angriffe der Abgeordneten gegen ihn sein Thema. Dem Wiener Wochenblatt »Das Leben« lieferte er folgenden Bericht unter dem Titel »Das Haus der Gemeinen«:

»Von den Bänken der äußersten Rechten her grollt ein finsteres Murren; die Regierungspartei läßt ein aufgeregtes Hin- und Widerrufen ertönen; die Opposition der Linken endlich gleicht in ihrer wilden Bewegtheit den tosenden Wellen des sturmgepeitschten Meeres, – da hört man ein leidenschaftlich-erregtes Schreien, ein zügelloses Gejohle und Gegröhle, die unartikulierten Laute der kochenden Wut. Und diese ganze, glühende Leidenschaft wendet sich gegen einen einzigen Mann, der gleichmütig und allein ruhig den Sturm auf sich eindringen sieht, einen Sturm, der ihn zu vernichten droht.«[3]

Koloman Tisza blieb Ministerpräsident bis 1890 – allen Anfeindungen zum Trotz. Der jugendliche Parlaments-Berichterstatter war auch Zeuge, als es im »Haus der Gemeinen« wieder mit dem Antisemitismus losging. Der ausgerechnet den Liberalen angehörende Abgeordnete Gyözö Istóczy begann seinen Ein-Mann-Feldzug gegen die Assimilation der Juden in Ungarn. Sobald das Thema *Bürgerrechte für Juden* auf der Tagesordnung auftauchte, bezog er Gegenposition. Seine Forderungen: Schluß mit dem Zuzug ausländischer Juden nach Budapest! Ende der Toleranz für eine Minderheit, die drauf und dran ist, das Land mit ihrem Geld, ihrer Presse zu dominieren. Verbot von »Mischehen« ... usw. usw.

Er wurde zwar von den meisten Abgeordneten niedergeschrien oder verlacht, trotzdem kam die »ungarische Kassandra« immer mehr ins Gespräch – innerhalb und außerhalb des »Hauses der Gemeinen«.

Budapest, 1878
Das Jahr, in dem sich für die Familie Herzl alles veränderte. Im Alter von 19 Jahren starb die schöne Tochter Pauline, die so gern eine gefeierte Schauspielerin geworden wäre, an Typhus. Theodor Herzl verlor die engste Gefährtin seiner Kindheit und Jugend. Die Eltern meinten, ohne die Tochter in Budapest nicht mehr weiterleben zu können. Es gab keinen Ausweg aus dieser Situation, nur Flucht. Und die Flucht hieß Umzug nach Wien. Obwohl Herzl kurz vor der Abiturprüfung stand, wurde der Haushalt in der Maria-Valerie-Gasse sofort aufgelöst. Die Drei-Personen-Familie zog in die Wiener Leopoldstadt. Das war damals noch eine Anlaufstelle für alle Zuwanderer aus der Monarchie, nicht das jüdische Ghetto ohne Mauern und Tore, das es Jahrzehnte später wurde.

Anfang Juni kehrte Theodor Herzl allerdings nach Budapest zurück – der Matura wegen. Fünf heiße Sommertage lang dauerte die schriftliche, zwei die mündliche Prüfung. Es war die Zeit, in der im Parlament eine politische Bombe hochging – eine verbale zwar, aber mit außerordentlicher Sprengkraft.

Die »Ungarische Kassandra« hielt die sogenannte »Palästina-Rede«. Ob der Abiturient im Prüfungsfieber sie gehört oder über sie in den Zeitungen gelesen hat, ist nicht auszumachen. Dem scharfsinnigen politischen Beobachter, der er damals schon war, konnte diese Kampfansage gegen alle Versuche jüdischer Assimilation und Integration eigentlich nicht entgangen sein.

Was Gyözö Istóczy am 24. Juni 1878 dem Hohen Haus vortrug, liest sich wie eine Vorwegnahme des berühmtesten Werks Herzls »Der Judenstaat« – nur aus entgegengesetzter, antisemitischer Perspektive formuliert. Unter der protokollierten Überschrift »Die Wiederherstellung eines jüdischen Staates in Palästina« trägt der liberale Abgeordnete Istóczy den Volksvertretern Ungarns – zusammengefaßt – folgendes vor: »Es war Ungarn, das 1000 Jahre lang Europa gegen die Araber und Türken verteidigt und damit die ewige Dankbarkeit der europäischen Völker verdient hat. Während die Muslime langsam aus Europa verschwanden, blieb ein fremdes Element zurück: die Juden. Und heute sind sie auf dem besten Weg, die Völker Europas zu versklaven.

Zwischen 1785 und 1870 hat sich ihre Zahl in Ungarn verachtfacht – von 75 089 auf 552 133. Wenn das so weitergeht, werden im Jahr 2020 über 17 Millionen Juden in unserem Land leben.

Eine Katastrophe, wie jedermann einsehen wird.

Die Juden sind den Epidemien Cholera und Typhus nicht zum Opfer gefallen. Sie haben sich stets vor harter körperlicher Arbeit gedrückt. Sie profitierten von den Kriegen, in denen Zehntausende junger Christen starben. Und sie haben eine bemerkenswerte Fähigkeit entwickelt, jede Art von Verfolgung zu überleben. Heute unterstützen sie die Sozialdemokraten, vergiften die Beziehungen der Völker untereinander und halten das Anwachsen des Christentums auf.

Das ist Europas Krise – und wie kann sie gelöst werden? Durch die Wiederherstellung des alten jüdischen Staates. Historisch stellten sich dieser Wiederherstellung die römischen Kaiser, der byzantinische Fanatismus sowie die arabische und ottomanische Herrschaft im Nahen Osten entgegen.

Seit 1800 aber gibt es neue Bedingungen.

Die Araber spielen keine historische Rolle mehr, Ägypten ist kaum überlebensfähig, und das türkische Großreich schwächelt. Die Juden, intelligent, fleißig, tatkräftig, wie sie nun mal sind, würden den ihnen verwandten Völkern in Palästina neue Lebenskraft und Energie verschaffen, dem Ottomanischen

Reich finanzielle Stabilität und so dem Nahen Osten unbeschränkte Möglichkeiten eröffnen, statt weiterhin als Parasiten in einer von Haß erfüllten europäischen Umgebung zu leben. Das könnten sie. Aber die jüdischen Weltbürger ziehen die Weltherrschaft einem eigenen Staat vor, die gewinnbringende Parasiten-Existenz. Sie verschwören sich lieber, die christlichen Gesellschaften zu zerstören.«[4]

An dieser Stelle der Rede soll ziemlicher Tumult im Parlament ausgebrochen sein. Der Abgeordnete merkte, daß er die Zustimmung, die er erhofft hatte, nicht erhielt, und kam zum Schluß. »Es kann gut sein, daß in keinem anderen Land Europas die Lösung der Judenfrage so dringlich ist wie in unserer Monarchie und ganz besonders in Ungarn.«[5]

Györzö Istóczy wurde niedergeschrien. Dann nahm der Schul- und Religionsminister Agoston Trefort das Wort. Er nannte die Rede einen einzigen Widerspruch zu den »Prinzipien der Menschlichkeit unserer Zeit und dem Geist dieses Hohen Hauses« und empfahl, keine Debatte folgen zu lassen. Was dann auch nicht geschah.

Aber die *Judenfrage* war gestellt, das parlamentarische Fundament des politischen Antisemitismus in Ungarn gelegt.

Am 1. Juli wurde Theodorus Herzl das Testimonium Maturatatis ausgestellt:

Deutsch und Religion: ausgezeichnet. Latein, Ungarisch, Naturwissenschaften, Philosophie: gut. Griechisch, Mathematik, Geschichte, Geographie: befriedigend. Ein im Vergleich zu seinen früheren Zeugnissen mittelmäßiger Abschluß, aber gut genug als Entree in eine akademische Laufbahn.

Budapest, 1878
Zwei Erinnerungen an diese letzte Budapester Zeit müssen erwähnt werden:

Erstens ein Gespräch mit Rabbiner Kohn im Trauerhaus in Anwesenheit der Eltern. Frage: Was will der Sohn denn nun machen in Wien? Was will er werden?

Antwort: Schriftsteller will ich werden.

Rat: Die Schriftstellerei ist kein richtiger Beruf. Man kann schreiben, aber man muß etwas Richtiges studieren, um später einen anständigen Beruf auszuüben.

Die Eltern sagten nichts, blieben stumme zustimmende Zeugen dieser Unterredung.

Zweitens ein Fragment von Gedanken, irgendwann in diesen vom Tod verschatteten Wochen aufgeschrieben – eine frühe Rechenschaft: »Ich habe schon viel darüber nachgedacht, was der eigentliche Zweck des menschlichen Daseins ist, des vollkommensten Wesens auf der Erde. Ich glaubte, es oft gefunden zu haben, es war aber nur dem Alter der Entwicklung entsprechend, in dem ich mich gerade befand.

Erst glaubte ich, es wäre: sorgenlos und heiter zu genießen; dann, der Zweck und das Ziel unseres Lebens wäre: die Liebe zu den Eltern, Blutsverwandten, und allen, allen Menschen. Da erwachte plötzlich das Denken in mir. Ich erblickte die elende Gebrechlichkeit und Ohnmacht klar – es war wie ein Blitzstrahl in dunkler Dämmerung, der plötzlich meinen Gesichtskreis erleuchtete. Die ewig unlösbaren Rätsel: Tod und Vernichtung, habe auch ich, ein unwissender, beschränkter Laie, zu lösen gesucht.«[6]

Achtzehn Lebensjahre, eine ungarisch-jüdische Kindheit und Jugend: am Anfang sorgenlos, heiter, voller Liebe zu den Eltern und allen, allen Menschen – am Ende die Erfahrung des Todes, der Blick auf die elende Ohnmacht. Das war die Zeit des Tivadar Herzl, die er zurückließ, als es im heißen Juli 1878 endgültig nach Wien ging.

»Mein Judentum war mir gleichgültig, sagen wir: es lag unter der Schwelle meines Bewußtseins. Aber wie der Antisemitismus die flauen, feigen und streberischen Juden zum Christentum hinüberdrückt, so hat er aus mir mein Judentum gewaltig hervorgepreßt.«

Tagebuch, 16. Juni 1895

Mit dem Semitismus behaftet
Wien, 1878–1885

Die Praterstraße Nr. 25 im II. Bezirk von Wien war wieder eine Wohnung im Schatten der Synagoge. Schräg gegenüber befand sich der monumentale »Große Tempel«, vom gleichen Architekten wie die Budapester Synagoge im gleichen Stil erbaut.

Es gab eine noble jüdische Nachbarschaft: Nur wenige Häuser entfernt war Arthur Schnitzler aufgewachsen, um die Ecke hatte Sigmund Freud mit seinen Eltern gewohnt, ganz in der Nähe lebte Gustav Mahler.

Die Lebensverhältnisse waren äußerst komfortabel. Der Vater war aufs neue zu beachtlichem Vermögen gekommen. Der einzige Sohn konnte haben, was er wollte: eleganteste Kleidung, Theatervergnügungen, Reisen, Bücher, Gesellschaften, Studium ...

Das half über vieles hinweg, ohne allerdings das Haupthindernis im Leben des jungen Theodor Herzl beiseite räumen zu können – das »Hindernis: mit dem Semitismus behaftet zu sein«.[7]

Er führte drei Leben in Wien und zwar gleichzeitig: das Leben eines angehenden Juristen, das Leben eines erfolgsuchenden Stückeschreibers, das Leben eines politischen Bürgers. Und um diesen drei Lebenswegen in einer Biographie gerecht zu werden, müssen drei Geschichten hintereinander erzählt werden, obwohl sie sich nebeneinander, gewissermaßen ineinandergreifend, abspielten.

Die erste Geschichte ist eine schnell erzählte Erfolgsstory mit bitterem Ende: das Jura-Studium.

Im Juli 1880 legte Herzl die erste rechtshistorische Staatsprüfung ab – mit Auszeichnung im kanonischen und deutschen

Recht. Im Juli 1883 bestand er das zweite juristische Staatsexamen, im Mai 1884 promovierte er mit Erfolg.

Im August 1884 begann seine praktische Ausbildung, zuerst am Wiener, dann am Salzburger Landgericht: Strafrecht, Handelsrecht, Zivilrecht. Alles »mit ausgezeichnetem Erfolg« absolviert. Im Abgangszeugnis bestätigte der Landgerichtpräsident dem jungen Juristen: »Sehr gute Fähigkeiten/sehr gute Verwendung/tadelloses Verhalten.«

Solch einen Zögling hätte man doch gern ins Richteramt oder in den Dienst der Ministerien oder Verwaltung berufen. Aber Richter konnten bestenfalls »getaufte Juden« werden, und was den übrigen Staatsdienst anging, so fällt Herzls Biograph Alex Bein ein nüchternes Urteil: »Stand er auch dem Judentum so fern, daß ihn nur der Stolz und pietätvolle Rücksicht auf die Eltern von der Taufe abhielten, bei allen Bemühungen, in der herrschenden Gesellschaft aufzugehen, konnte er nicht übersehen, daß ihm als Juden ein Aufstieg in der österreichischen Beamtenhierarchie nicht möglich war.«[8]

Bei aller Bemühung, bei aller Emanzipation, bei aller Gesinnung: Was nicht ging, ging eben nicht.

Was hatte der Rabiner gesagt? Worauf hatten die Eltern gedrängt? Ein anständiger Beruf muß gelernt werden! Genau das hat er getan – mit besten Referenzen. Alles gut und schön, aber alles für die Katz. Sicher, Anwalt hätte Herzl werden können, Anwalt wie andere jüdische Juristen auch, aber genau das wollte er nicht. Da wollte er lieber jüdischer Lustspielschreiber werden, in den Wiener Kaffeehäusern gerühmter Theater-Autor, Liebling der Schauspieler und Schauspielerinnen …

Und so kommt es zur zweiten Lebensgeschichte, einer Mißerfolgsstory ohne Trost: die Bühnen-Schriftstellerei. Fleißig produzierte er während des Studiums und der praktischen Gerichtsarbeit Lustspiele aller Art.

1880: »Kompagniearbeit«
1882: »Die Causa Hirschkorn«
1884: »Tabarin«/»Die Jungen«/»Die Enttäuschten«
1885: »Muttersöhnchen«/»Seine Hoheit«

Diese Stücke wimmeln von hochsinnigen Adeligen, aufrechten Anwälten, fröhlichen Draufgängern, seelenguten Mädchen: kurz Edelmenschen jeder Couleur, und sie werden von den Theatern in Wien und Berlin stets dankend abgelehnt. In den Tagebüchern dieser Jahre kommentiert Herzl diese Absagen mit offener Verzweiflung: Eintrag an seinem 22. Geburtstag, dem 22. Mai 1882: »Ich kann mir nicht zu dem geringsten Erfolge gratulieren. 22 Jahre! Und blutwenig getan.«

Notiz vom 23. November 1883: »Kein Erfolg will kommen. Und ich brauche doch den Erfolg. Ich gedeihe nur im Erfolg. Keine Liebe im Herzen, keine Sehnsucht in der Seele, keine Hoffnung, keine Freude.«

Ein Jahr später, im Oktober 1884, heißt es: »Ich verschmachte nach einem Erfolg.«

Und in der Silvesternacht 1884: »Ich lese, träume, rauche, schreibe. Ein Tag löst so den anderen ab und eines Tages werde ich alt sein, ohne die Jugend gekannt zu haben.«

Am 20. Oktober 1885 beklagt er sein »miserables, miserables Leben«, und das Fazit dieser Silvesternacht lautet: »Ich war in Berlin. Bin heimgekehrt. Ohne Erfolg. Wann kommt die Zeit? Ich erkalte.«

Innenansicht eines nach außen sorglosen, vielfach begüterten Lebens. Seine Freunde, schreibt er, »wissen nicht, wie viel Elend und Schmerz und Verzweiflung dieser ›aufstrebende, junge Mann‹ hinter seiner Weste unsichtbar mit sich herumträgt. Zweifel, Verzweiflung! Ein eleganter Zweifel, eine parfümierte Verzweiflung …«

Nun war die »parfümierte Verzweiflung« sicher sehr à la Mode: literarisches Lebensgefühl ganz im Stil des Fin-de-Siècle. Aber das war noch nicht alles.

Die dritte Geschichte kommt noch hinzu: der politische Entwicklungsroman eines jungen Juden in der ihre Identität suchenden Vielvölkergesellschaft Wiens.

Der Roman beginnt in der »Akademischen Lesehalle« gleich nach Herzls Ankunft aus Budapest. Diese Lesehalle wollte »Freiheit und Gleichheit der akademischen Völker« herstellen und begriff sich als Zentrum liberal-österreichischen Geistes innerhalb der großen Universität. 1878 hatte die »Halle«, wie sie unter den Studenten hieß, ungefähr tausend Mitglieder. Herzl erklärte in seiner Kandidatenrede, daß er »stets und in allem den Hegern patriotisch-österreichischer Gesinnung Freund und Genosse« sein wolle.

Das war aber leichter gesagt als getan, denn die Zeit stand mehr und mehr im Zeichen deutsch-nationaler Stimmung und Bewegung. Da war zum Beispiel der »Leseverein deutscher Studenten«, dessen Programm darin bestand, »die Studenten für jenen Kampf vorzubereiten, den das deutsche Element in Österreich mit anderen Nationalitäten zu bestehen hat«. Als dieser aggressive, alldeutsche Verein im Dezember 1878 wegen ständiger Judenhetze und Pöbeleien gegen das Haus Habsburg von der Regierung aufgelöst wurde, traten die »Aufgelösten« geschlossen in die »Halle« ein und begannen dort ihren Feldzug gegen alles, was liberal und österreich-patriotisch, sprich multinational, war.

Und sie waren nicht allein. Im Wiener Parlament gab es längst auch eine antisemitische »Kassandra«. Allerdings: Der Abgeordnete Georg Ritter von Schönerer begnügte sich bald nicht mehr mit fanatischen Reden vor dem »Hohen Haus«. 1879 gründete er eine deutsch-nationale Bewegung – wie das so schön hieß –: den »Österreichischen Reformverein«.

Damit machte er politischen Putz in der Stadt, ja, im ganzen Land. Und auch dieser »Reformverein« war nicht allein, er konnte mit den Christlich-Sozialen paktieren, wann immer es gegen die Juden ging. Schönerer machte die Studenten mobil, die Christlich-Sozialen das Kleinbürgertum. Da wehte ein anderer Wind als in Budapest.

Zwei Jahre hatte Herzl in der »Halle« sein kulturell-politisches Zuhause. Das war genau die Zeit, in der es den Deutsch-Nationalen gelang, nach und nach alle liberalen Studenten aus der »Halle« zu vertreiben. Im März 1881 trat Schönerer dort mit einer bejubelten Hetzrede auf. Daraufhin wurde auch dieser akademische Zirkel von der Regierung aufgelöst.

Herzl suchte eine neue politische Heimat und fand sie – ausgerechnet – in der schlagenden Verbindung »Albia«. Das war eine Burschenschaft mit renommiertem Fechtboden. 75 Duelle haben die strammen Kerle allein im Jahr 1881 ausgetragen.

Von Herzl ist allerdings nur eine Mensur dokumentiert. Aber Fechtstunden, Bierabende, Kommers-Erlebnisse jede Menge. In die Debatten mischte er sich mit Hohn- und Spott-Reden ein, wenn es wieder einmal besonders deutschtümelnd herging. Und das ging es mehr und mehr.

Später hat er diese Zeit so beschrieben: »Die Judenfrage lauerte mir natürlich an allen Ecken und Enden auf. Ich seufzte und spöttelte darüber, fühlte mich unglücklich, war aber doch nicht recht davon ergriffen.«[9]

Das allerdings änderte sich an einem ganz bestimmten Tag, dem 9. Februar 1882. Da hatte er ein Buch in den Händen, das gerade Furore machte: Eugen Dührings »Die Judenfrage als Rassen-, Sitten- und Kulturfrage«.

Das war nun keine antisemitische Schrift, keine Hetzrede wie gewohnt, das war die radikale Verneinung der menschlichen Existenz der jüdischen Minderheit mit anschließenden Vorschlägen zu Vernichtungsmaßnahmen, die schon den Begriff »Endlösung« trugen.

»Der Hebräerstamm hat sich dem ganzen Menschengeschlecht gegenüber materiell und geistig als eine schädliche Menschenart erwiesen; daher handelt es sich ihm gegenüber nicht einfach bloß um die Frage der Fremdheit einer Rasse, sondern um die Frage angestammter und unablegbarer Verderblichkeit. Aus diesem Grunde ist die Judenfrage auch nicht kurzweg eine Rassenfrage überhaupt, sondern ganz speziell und bestimmt eine Frage der Rassenschädlichkeit. […] Ihr Stamm ist seit Jahrtausenden die auserwählte eingefleischte Selbstsucht, und er hat nur unter steter Belästigung anderer Völker leben können. Die Juden schaffen daher erfahrungsgemäß seit vielen Jahrtausenden überall, wohin sie gelangen, eine Judenfrage. […] Die Juden haben mit Menschenrecht und Gleichheit arge Heuchelei getrieben. Freiheit und Gleichheit haben ihnen nur als Maske gedient, während sie darauf hinarbeiteten, nicht die Gleichen sondern die Auserwählten zu werden. Wenn sie von Duldung reden, so wollen sie im Grunde nur sich selbst geduldet wissen. Unter dem Schein des Eintretens für die Toleranz arbeiten sie für die allgemeine Verjudung der Denkweise.«

Soweit ein paar Splitter der Analyse. Ihr Resümee lautet: »Verjudung der Völker und aller Verhältnisse ist die Tatsache; Entjudung die Aufgabe.« Also gilt es: »Die Welt gründlich von allem Judenwesen zu erlösen. Um zu diesem Ziele zu gelangen, müssen zunächst nachhaltige Einschränkungen vorgenommen werden, durch welche es den Juden unmöglich gemacht wird, ihr schlechtes Wesen allzu ungehindert an den besseren Völkern auszulassen. […] Darum gibt es gegen sie auch nur eine einzige Politik, nämlich die der äußerlichen Einschränkung, Einpferchung und Abschließung.«

Und daran schließt sich ein Katalog staatlicher Entrechtungsmaßnahmen an: »Kein Jude darf richterliche, verwaltende oder befehlshaberische Funktionen ausüben. Früher war dieser Grundsatz auf die Religion beschränkt, heute muß er auf die Rasse, d. h. auch auf die getauften Hebräer ausgedehnt werden. Hierin liegt der moderne Unterschied.« Dies bedeute auch: »Kein Kandidat, der seine nichtjüdische Abstammung nicht für die drei letzten Generationen auf Verlangen nachzuweisen vermag, ist zu den Prüfungen und sonstigen Stadien der Justiz und Verwaltung zuzulassen.«

Und so geht es dann durch alle gesellschaftlichen Bereiche:

Das Recht gewählt zu werden und des Wählens ist wieder zu beseitigen.

Die »Rassenökonomie«, das heißt die jüdische Geschäftsfreiheit samt »Judenkapital« und jüdischen Finanzinstitutionen (Banken), muß überwacht und unter staatliche Kontrolle gestellt werden.

Die Entjudung der Presse ist vorzunehmen. »Man führe in der Gesetzgebung das Prinzip durch, daß kein Rassejude Eigentümer oder Pfandrechtsinhaber an einer Zeitung sein dürfte. Mit der Entjudung der Presse wird auch die Entjudung der Literatur ermöglicht.«[10]

Die Gemeinden müssen das Recht erhalten, die Niederlassung von Juden zu versagen.

Keine Person jüdischer Abstammung darf mehr – außer in eigentlichen Judenschulen – öffentlichen Unterricht erteilen. Die »Antworten« auf die »Judenfrage« heißen *Reduktion der Rasse, Internierung, Einschränkung, Einpferchung, Abschließung*. Entworfen wird ganz offen ein neues Ghetto, welches auf moderne Weise das mittelalterliche übertrifft. »Modernes Petroleum auf den mittelalterlichen Holzstoß. Und vom Brande geht's zur Plünderung«, war Herzls erster Kommentar. Im übrigen konstatierte er kühl: »Ein infames Buch. Und leider so gut geschrieben. [...] Wenn so viel geschulter und durchdringender Verstand, wie ihn Dühring unleugbar besitzt, in Gemeinschaft mit gelehrter und wirklich universeller Bildung also schreiben kann – was ist dann vom bildungsfessellosen Haufen zu erwarten? In seinen ersten Kapiteln ist das Buch trotz seiner Übertreibungen und offenliegenden Gehässigkeiten lehrreich genug und jeder Jude sollte es lesen.«

Jeder Jude sollte es lesen. Ihn hat die Lektüre dieses Buches nie mehr losgelassen. Als er 13 Jahre später in Paris seine Aufzeichnungen mit dem Titel »Der Judensache erstes Buch« beginnt, heißt es gleich auf der zweiten Seite: »Wann ich eigentlich anfing, mich mit der Judenfrage zu beschäftigen? Wahrscheinlich, seit sie aufkam. Sicher seit ich Dührings Buch gelesen. [...] Im weiteren Verlauf der Jahre hat die Frage an mir gebohrt und genagt, mich gequält und sehr unglücklich gemacht. Tatsächlich bin ich immer wieder zu ihr zurückgekehrt.«[11]

Es ist eine andere Auseinandersetzung, als sie Friedrich Engels in seinem berühmten »Anti-Dühring« betrieb, worin »Herrn« Dührings Werke über Philosophie, National- und Sozialökonomie und Sozialismus auf 300 Seiten gnadenlos zur Schnecke gemacht werden. »Die Judenfrage« bezog Engels in seine Kritik interessanterweise überhaupt nicht ein, ihm reichten wohl die ständigen Beleidigungen von Marx und Lassalle als »jüdische Agitatoren und Intriganten eines sogenannten Sozialismus in ihrer wissenschaftlichen Nichtigkeit und moralischen Niedrigkeit« zum hämischen Gesamturteil: »Hier schreibt ein Scharlatan mit Widerwillen gegen Tabak, Katzen und Juden aus Unzurechnungsfähigkeit und Größenwahn.«[12]

Engels versus Dühring – das blieb Theorie. Herzl versus Dühring dagegen war eine Konfrontation, die das Leben dessen veränderte, der sich in diesem Zerrspiegel sah und mit den Vernichtungsurteilen fertig werden mußte, die ihm die Sätze dieses Buches, Kapitel für Kapitel, übermittelten.

»Eine Binde wurde ihm gewaltsam von den Augen gerissen. Er konnte nicht mehr harmlos mit seiner Umgebung verkehren, er konnte diese Frage nicht mehr bagatellisieren.«[13] Nicht nur er konnte die Frage zu diesem Zeitpunkt nicht bagatellisieren. Im Herbst 1882 fand in Dresden der »Erste Internationale anti-jüdische Kongreß« statt. Dort trat auch die antisemitische »Kassandra« aus Budapest auf, der Abgeordnete Istóczy – mit einer vielbeachteten, großen ungarischen Delegation. Der Ein-Mann-Kämpfer gegen die Juden Ungarns war nunmehr von vielen Anhängern umgeben und brachte auf dem Kongreß ein »Manifest an die Regierungen und Völker der durch das Judentum gefährdeten Staaten« ein, das mit großer Mehrheit verabschiedet wurde. Die Postulate des Manifestes waren Dührings Forderungen sehr ähnlich. Schluß mit der Emanzipation! Die Juden zurück in ein modernes Ghetto!

Die »Albia« in Wien war auch nicht untätig. Im März 1883 veranstaltete sie zusammen mit anderen Burschenschaften einen großen »Trauerkommers« für Richard Wagner. Hauptredner war Hermann Bahr, ein glühender Schönerer-Anhänger, der derartig diffamierend über die Juden in der Musik, die Juden in der Wissenschaft und die Juden überhaupt herzog, daß die Polizei die Veranstaltung abbrach.

Hermann Bahr wurde vom Akademischen Senat relegiert – von den »Albia«-Burschen gefeiert.

Herzl schrieb mit jenem bitteren Spott, den die Verbindung

von seinen Debattenbeiträgen gewohnt war: »Es ist ziemlich einleuchtend, daß ich, mit dem Hindernis des Semitismus behaftet, heute nicht um Aufnahme in die Burschenschaft ›Albia‹ ansuchen würde, die mir höchstwahrscheinlich aus dem gegebenen Grund auch verweigert würde«,[14] und bat um »ehrenhafte Auflösung des Verhältnisses«. Die Organisatoren waren über so viel jüdische Arroganz empört und wollten ihn ihrerseits schassen. Das aber haben sie sich dann doch nicht getraut, sondern Herzl einfach aus ihrer Mitgliederliste gestrichen. Das war das. Einem Freund teilte er wenig später mit: »Ich sagte den edlen, jungen Leuten Lebewohl!«

Eine dritte akademische Anlaufstelle ließ sich – trotz allen Bemühens, trotz bester Gesinnung, großer Mitgift an rhetorischer, literarischer Begabung – seinerseits nicht finden.

Was hatten die drei Leben in den ersten sieben Jahren in Wien ihm eingebracht?

Keine Spur einer juristischen Karriere trotz glänzend absolvierten Studiums, lauter Mißerfolge als Lustspielautor, zunehmende Verdrängung aus dem kulturellen und politischen Leben der Mehrheit an den exotischen, jüdischen Rand der Künstler, Journalisten, Literaten.

Einen Ausweg aus dieser Situation gab es nicht, aber es gab – wie vorher in Budapest – Fluchten. Die Eltern finanzierten sie gern: Reisen nach Italien, Frankreich, kreuz und quer durch Europa. Und da dieser Mann offenbar nicht leben, reisen, sehen, hören, atmen konnte, ohne zu schreiben, entstanden nicht nur Tausende Postkarten und Briefe, sondern Reportagen, Skizzen, Plaudereien … Feuilletons.

Wien, 1886–1891
Auf den Fluchten entwickelte sich Herzls wirkliche schriftstellerische Begabung – die eines scharfsinnigen Beobachters und Beschreibers – und damit seine wahre Profession. Er war kein guter Dramatiker, aber ein hervorragender Journalist, dessen Artikel von nun an in Wien, Budapest, Prag, Berlin erschienen.

1886/87 waren Erfolgsjahre, und er war jetzt Dr. Theodor Herzl, »der glänzende Feuilletonist«. Felix Salten schrieb später voller Bewunderung: »Wie zierliche, elegant und reich gekleidete altkluge Kinder schickte er seine Feuilletons in die Welt hinaus. Sie hatten die vornehmsten Manieren, sie hatten Grazie, die eine vollendete Erziehung verleiht, und ihre Gewänder waren übersät mit tausend kleinen, oft versteckten geschmacksvollen Details.«

Ein Beispiel dieser berühmten Feuilletons in Auszügen:

Pygmalion (1887)
Oder wie Impresario Spangelberg aus der wunderbar singenden Schusterstocher Klimpfinger die Operndiva Geraldini machte

»Sie war abschreckend häßlich und ungepflegt. Lang, dürr, waschrote Hände, unreiner Teint, verkniffene Augen, großer Mund – ein Ekel. Und doch hatte sie etwas im Blick, das mich gleich stutzig machte. [...]

Ich ließ sie also ausbilden, nachdem ich sie durch gute Kontakte an mich gebunden hatte. Die Kunstfertigkeiten erlernte sie wie ein Papagei – aber was will das heißen? Sie sang richtig, doch ohne Gefühl. Den tragischen Schritt hatte sie bald heraus, aber nicht den seelenvollen Gang. Es fehlte ihr die angeborene Grazie. sie war eine Frauensperson, aber kein Weib. [...]

Ich nahm sie nach Paris. Da lernte sie sich parfümieren und kleiden. Ich brachte ihre alle Raffiniertheiten bei – von der Rosette, die den kleinen Schuh verführerisch macht, bis zu der bizarren Goldnadel, die köstlich und verwegen im duftenden Haar steckt, und sie gedieh in meiner Pflege. Schon sah sie einem schönen Weibe täuschend ähnlich. Das gute Leben füllte ihren Körper, rundete ihre Wangen, gab ihrer ganzen Erscheinung Farbe und Glanz. Die Leute begannen sich nach ihr umzudrehen, wenn sie an meinem Arme vorüberschritt. [...]

Für mich war und blieb sie Klimpfinger, der Klotz. Reine Geschäftssache.

Und endlich war sie soweit, daß ich sie in kleineren Städten auftreten lassen konnte. Ich brauche Ihnen das nicht ausführlich zu erzählen. Wenn Sie eine Künstlerbiographie kennen, kennen Sie alle. Erst sind die Leute spröde, spöttisch, gleichgültig, dann kriegt man sie herum. Die Hammel springen. [...] Ich übergehe das Unwesentliche – von den ersten Buketts, die ich bezahlte, bis zu den Treibhauswäldern, die man ihr später schickte; von dem Selbstmord aus Liebe zu ihr, den ich erfunden, bis zu dem armen dummen Jungen, der sich tatsächlich in ihrem Vorzimmer eine Kugel durch den Kopf jagte. Die Geraldini war gemacht. Sie kennen ja den weiteren Verlauf ihres Triumphzuges. [...] Sie ist sehr überschätzt worden – das sage ich Ihnen. Es ist wahr: ich hatte sie großartig inszeniert. Dennoch verblüfften die Erfolge mich selber. Sie sang ja wirklich nicht schlecht, aber es hat Viele gegeben, die besser sangen. Nun ging von ihr ein gefährlicher und sonderbarer Zauber aus, über den ich lachte, und auf den ich stolz sein konnte, denn ich war der Hexenmeister, der ihn gebraut. [...] So saß ich einmal in Moskau, man gab die ›Traviata‹, glaube ich, neben zwei Herren, die sich in spanischer Sprache unterhielten. Ich verstehe spanisch. Der Eine sagte: ›Dieses Weib raubt mir den Atem!‹ [...] Und der Andere, blaß, ernsthaft: ›Ich darf sie überhaupt nicht mehr sehen, sonst heirate ich sie.‹ Dieser war ein Gesandtschafts-Attaché. Ich traf ihn später noch täglich im Theater, und er hat sie nicht geheiratet. [...]

Gleichviel, ich betrachtete an jenem Abend nicht ohne Rührung und Heiterkeit mein gelungenes Werk. Die Schusterstochter! Diese Diva? Diese berückende Frau mit der schläfrig süßen Stimme? Und bei diesen Worten kniff ich sie wohlwollend in die Wange. Sie aber bog sich ganz empört zurück und warf mir den strafenden Königinnenblick zu, den ich ihr beigebracht, für den Fall, daß sich Jemand zu viel herausnehmen sollte. Das ergötzte mich noch mehr. Ich fand sie auf einmal wirklich reizend und – und begriff beinahe, daß sie Einem ›den Atem rauben‹ könne. [...]

Ohne viel Ueberlegung, mich in meinem Rechte fühlend, von dem ich zufällig bisher keinen Gebrauch gemacht, lege ich also meinen Arm um ihre Taille und will sie an mich ziehen. Sie reißt sich los, heftig, daß ich fast das Gleichgewicht verloren hätte, stürzt aus dem Zimmer und sperrt sich ein. […] Erst war ich verdutzt, dann lachte ich laut, dann sang ich vor ihrer Tür zum Spaß ›Gute Nacht, Du mein herziges Kind!‹ Dann trank ich allein den Champagner weiter, und als ich mich schlafen legte – war ich sterblich in sie verliebt. […]

Für mich begann aber eine miserable Zeit. Ich brachte ihr jeden Morgen Blumen, ich! Ich schenkte ihr den teuersten Schmuck. Was ich verdiente, ging für sie auf. Ich machte sogar Verse auf sie. Mit einem Wort: komplett verrückt. Was wollen Sie – Jeden von uns packt einmal die Leidenschaft so hart am Genicke und krallt sich in den Schädel ein. […] Es ist weiter nicht viel zu erzählen. Die Geraldini machte mit mir, was sie wollte. Die Verträge wurden zu ihren Gunsten verändert, was eine nicht unbedeutende Eselei von mir war. Wenn bei dem Geschäfte Jemand ausgebeutet wurde, so war ich es – der Impresario der Künstlerin. Immerhin ein interessanter Fall! Von ihrem Widerstande zum Aeußersten gebracht, wollte ich sie endlich heiraten. […]

Sie lachte mir unter die Nase. Sie habe glänzendere Aussichten. Sie war wählerisch, die Schusterstochter. Und hat es auch erreicht, wie Sie vielleicht wissen. An der Kunst hing sie ohnedies nicht, sie war ja nie eine Künstlerin gewesen. Ein junger Lord hatte das erhebliche Glück, sie heimzuführen.

Anfangs war ich natürlich wütend, dann sah ich ein, daß ich es nicht ändern könne, und nahm die zehntausend Pfund Abfindung wie ein Philosoph hin. […]

Ich teilte dieses Geld in zwei Teile. Die eine Hälfte habe ich an der Börse verspielt, mit der anderen, besseren Hälfte war ich ein Jahr lang lustig in Paris. Sehr lustig. Das hat mich auch von der Geraldini geheilt – derart gründlich, daß ich mich erstaunt fragte, wieso ich denn diesem Anfall erliegen konnte. Sehen Sie, mein Lieber, ich wußte es lange nicht, ich weiß es erst jetzt. Nicht ihre Vorzüge, sondern jene beiden Spanier hatten mich in die Geraldini verliebt gemacht. Ich begehrte sie, weil sie von

Anderen begehrt wurde. Das ist die lächerliche Gewalt, die das Urteil der Anderen auf das meinige übt. So werden die großen Männer und die schönen Frauen gegründet. [...]«[15]

Der glänzende Feuilletonist Herzl nutzte sein neues Renommee zur Wiedervorlage seiner Lustspiele bei den Theatern, und siehe da, nun stellte sich auch hier einiger Erfolg ein. Im Februar 1888 wurde das Stück »Seine Hoheit« am deutschen Theater in Prag und anschließend im März am Wallner-Theater in Berlin aufgeführt. »Seine Hoheit« ist eigentlich kein Lustspiel, sondern eher eine Satire auf die Macht des Geldes, eine Demaskierung der bürgerlichen Gesellschaft, in der alle Menschen nur nach ihrem Besitz eingeschätzt werden und Gefühle wie Waren ge- und verkauft werden. Aber auch diese Entlarvungskomödie endet auf edle Weise: Eine verarmte Adelige und ein reicher Rittergutsbesitzer werden ein Paar. Gängige Unterhaltung im Stil der Zeit. Das war dann auch das nächste Bühnenwerk »Wilddiebe«, zusammen mit einem ebenfalls vielgelesenen Feuilletonisten der »Neuen Freie Presse«, Hugo Wittmann, verfaßt, das im März 1889 vom Burgtheater in Szene gesetzt wurde. Elf Jahre nach seiner Ankunft in Wien hatte Herzl sein Traumziel erreicht, er war Burgtheater-Autor! Etwas Schöneres, Größeres, Wichtigeres konnte er sich überhaupt nicht vorstellen. Und auch da war er nicht allein, das war Wiener Zeitgeist, Wiener Lebensart dieser Zeit.

Stefan Zweig hat die Fin-de-Siècle-Stimmung in der Hauptstadt der K. u. K. Monarchie so beschrieben: »Nicht das Militärische, nicht das Politische, nicht das Kommerzielle hatte im Leben des Einzelnen wie in dem der Gesamtheit das Übergewicht; der erste Blick eines Wiener Durchschnittsbürgers in die Zeitung galt allmorgendlich nicht den Diskussionen im Parlament oder den Weltgeschehnissen, sondern dem Repertoire des Theaters. [...]

Im Burgtheater gespielt zu werden war der höchste Traum jedes Wiener Schriftstellers.«[16]

Nun war Schluß mit der »parfümierten Verzweiflung«. Im

Alter von 29 Jahren war Herzl ein Journalist und Schreiber, über den man in den Wiener Kaffeehäusern, in den Zeitungsredaktionen, in den Salons sprach, ein gemachter Mann.

Die Liebe/Die Ehe/Die Hölle

Es ist nicht überliefert, ob Julie Naschauer die glanzvolle Premiere der »Wilddiebe« am 19. März 1889 im Burgtheater an Herzls Seite miterlebte. Julie, mit den blauen Augen und blonden Haaren, acht Jahre jünger als er. Eine aufsehenerregende Schönheit – von Pariser Modehäusern eingekleidet und angeblich die erste Wienerin, die sich die Fingernägel lackierte. Julie, in die er sich schon verliebt hatte, als sie gerade 18 Jahre alt war. Julie, die Tochter eines auch aus Budapest stammenden jüdischen Industriellen, der durch Nutzung ungarischer Ölfelder reich geworden war. Julie, von der er sich immer wieder »getrennt« hatte, die aber nun ganz offiziell seine Braut war. Julie gehört in diese Wiener-Literaten-Erfolgsgeschichte wie eine extravagante Theaterfigur. 75 000 Gulden beträgt ihre Mitgift, als im Juni 1889 geheiratet wird. Die Trauung vollzieht der Wiener Oberrabbiner Jellinek im fashionablen Kurort Reichenau. Die zweimonatige Hochzeitsreise geht in die Schweiz und nach Frankreich: Paris, Calvados, Trouville … Anschließend zieht das Paar in die Marc-Aurel-Straße im I. Bezirk. Auf die »andere Seite« der Donau, weg von der Leopoldstadt, dem Domizil der Herzlschen Anfänge in Wien, das nun mehr und mehr ein modernes Ghetto wird.

Wenn die Familie Herzl wohlhabend bis vermögend war – je nach allgemeiner Wirtschaftslage –, sind die Naschauers richtig reich.

Und entsprechend sind auch Julies Lebensvorstellungen.

In ihren Augen arbeitet der Ehemann viel zuviel und verdient viel zuwenig. In seinen Augen ist sie zu geldfixiert und exaltiert. Außerdem eifersüchtig und nicht respektvoll seinen Eltern gegenüber.

Die zwei Jahre vom Juni 1889 bis Juni 1891 erscheinen als einzige Katastrophe: Zwei Schwangerschaften, zwei Geburten, und der Mann notiert zwar auf dem Kalenderblatt vom 10. Juni: »Um halb vier Uhr Früh wurde mir heute mein Sohn Hans geboren. In Tränen«, um dann aber der Wöchnerin gut zehn Tage später folgenden Brief zu schreiben: »Obwohl Du meine Sprache nie verstanden hast, will ich mich doch noch einmal mit Dir auseinandersetzen. Nämlich zum letztenmal. […] Ich brauche Dir nicht zu sagen, dass unsere Ehe eine höchst unglückliche ist. Zwei volle Jahre hindurch war mein Haus mir eine Hölle. Wenn ich nach Hause kam, geschah es in einer Angst. Nicht vor Dir, meine Liebe, habe ich mich gefürchtet – sondern vor mir. Dass ich einmal die Selbstbeherrschung ganz verlieren könne, und Dir auf Deine Quälereien einen Streich versetzen könne, der Dich verunstalten oder zum Krüppel machen würde. Ich danke Gott, daß es mir gelungen ist, mich so weit zu beherrschen.«[17]

Das war Ende Juni 1889. Anfang August verließ er Familie und Wien und setzte sich nach Frankreich ab – ohne eine Rückkehr einzuplanen. Er bereiste die Landschaften zwischen Bordeaux und den Pyrenäen, lernte Spanisch und schickte Geschichten an Wiener und Berliner Zeitungen, die mit Abstand das Beste waren, was er bis dahin verfaßt hatte.

Eine Reportage aus dem Dorf Luz am Fluß Gave liest sich wie eine Novelle von Prosper Mérimée mit ihrer Darstellung einer Welt unglücklicher Spaßvögel zwischen ganz biederen Dörflern: hungernde Savoyarden mit dressierten Murmeltieren, Bärenführer, eine verwelkte Sängerin, ein verbrauchter Komiker. »Kranke Spaßvögel, welche die anderen lachen oder träumen machen, indes sie selber weder lachen noch träumen.«

Oder die Beobachtungen von Lourdes. Abseits des bischöflichen Pomps und der demütig-frommen Menge bannt ihn die Gestalt eines alten Mannes: »Ich stand lange und sah einem Alten zu, der die Quelle für seine kranken Augen gebrauchte. […] Er fing das Wasser mit seinem Sacktuch auf und träufelte es sich zwischen die Lider. Hielt die Augen eine Weile geschlossen, dann blinzelte er, und als er sie wieder öffnete, sah er so schlecht wie zuvor. Ein paar Mal versuchte er es noch, dann gab er auf. Er zuckte die Achseln und griff zitternd nach seinem Stock. Und als er weiterging, seufzte er tief und schwer. Er seufzte wie ein Jude.«[18]

In aller Ferne von Wien, in aller Abgelegenheit der Pyrenäen-Landschaft wurde Herzl von seiner Schicksalsfrage nicht losgelassen. Eigentlich wollte er auf dieser Spanienreise ja einen »Judenroman« schreiben. Das war sein nächster literarischer Plan. »Die Hauptfigur sollte mein teurer Freund Heinrich Kana werden, der sich im Februar 1891 in Berlin erschossen hatte. Ich glaube, ich wollte mir in dem Roman sein Gespenst losschreiben. Namentlich wollte ich die leidende, verachtete und brave Gruppe der armen Juden in Gegensatz zu den reichen Juden bringen.

Diese spüren nichts vom Antisemitismus, den sie doch eigentlich und hauptsächlich verschulden.«

Dieser »Judenroman« blieb ein Entwurf. Denn eines schönen Oktobertages unterbrach ein Telegramm aus Wien die Spanienreise. Die Redaktion der »Neuen Freien Presse« fragte, ob Herzl sofort als ihr Korrespondent nach Paris gehen wolle.

Die NFP war die angesehenste Zeitung der österreich-ungarischen Monarchie. Nach der Definition ihrer Herausgeber: »Ein unabhängiges Organ derjenigen konstitutionellen Partei, welche die bestehende Verfassung durchführen will, ein Organ der gebildeten, bürgerlichen, arbeitenden Klassen, ein Sprachrohr Österreichs in der Welt und ein Spiegel der Welt für Österreich.«

Und nach Karl Kraus gab es nur zwei schöne Dinge auf der Welt: der »Wiener Neuen Freie Presse« zuzugehören oder sie zu verachten. Sie war gewissermaßen das Burgtheater des Journalismus. Herzl sagte »unverzüglich« zu und fuhr, ohne auch nur noch einmal nach Hause zu kommen, direkt nach Paris.

»Ich will – hinaus! ...
 Hinaus – aus – dem – Ghetto!«

»Das neue Ghetto«, 1894

Das neue Ghetto
Eine jüdische Tragödie

Vorgriff/Rückgriff: Obwohl Herzl das »Schauspiel in 4 Akten« erst 1894 in Paris geschrieben hat und es auch 1893 in Wien spielt, wird es hier vorgezogen. Es bringt nämlich die ganze, bisher beschriebene Wiener Zeit auf die Bühne und schließt sie auf besondere Weise ab.

Es ist seine zwölfte dramatische Arbeit, zum ersten Mal kein Lustspiel, sondern ein Drama, das hell und glänzend beginnt und dunkel und tödlich endet – eine jüdische Tragödie. Sie beginnt in einer großbürgerlichen Wiener Wohnung – alles glänzend und stark vergoldet – an einem festlichen Hochzeitsnachmittag. Überall Geschenke und Blumen. Zwei Dienstmädchen und die Köchin warten auf die Herrschaft und spielen schon mit ihren allerersten Sätzen das übliche Juden-Klischee aus:

»*Resi:* Der Rabbiner laßt sich halt Zeit. Reiche Leut' hab'n lange Hochzeit.
Wabi: Ja, reich! *Solche* Brillanten hab'n s' alle. Wie die Kieselsteiner.
Resi: Sind halt Juden!«[19]

Im Grunde erlebt das Publikum Theodor Herzls und Julie Naschauers Hochzeitsfeier. Der Bräutigam Dr. Jacob Samuel ist ein junger, aufstrebender Rechtsanwalt, die Braut Hermine verwöhnte Tochter reicher Eltern. Seine Eltern sind ehrbar und stolz. Ihr Motto: »Lebe nach deinen Verhältnissen, damit du dich nie für Geld erniedrigen mußt!«

Ihre Familie lebt mit und an der Börse, hält sich einen jiddelnden Agenten und schmückt sich mit der Gesellschaft eines verschuldeten Rittmeisters.

Außerdem treten noch auf: der beste Freund des jungen

Anwalts, ein »christlicher Mitbürger, der gern mit ihm verkehrt« und nach dem der Held sich stets ausgerichtet hat; der Hausarzt, der sich hat taufen lassen; Wasserstein, ein erfolgreicher Spekulant; der Rabbiner.

Der erste Akt ist ein bourgeoises Gesellschaftsbild, eine Art Familien-Panoptikum, in dem lauter kaum kaschierte Figuren aus Herzls bisherigem Leben auftreten. Die Personen plaudern leicht daher, die vom Sohn vergötterte Bräutigam-Mutter hält erbauliche Reden, alles bleibt ziemlich oberflächlich und belanglos, bis am Ende des ersten Aktes der Rabbiner Dr. Friedheimer erscheint und sich angelegentlich nach den neuesten Börsenständen erkundigt. Über die Baisse kommen er und die Hauptperson Dr. Jacob Samuel (alias Dr. Theodor Herzl) in ein Gespräch, das nun das Thema des Stückes ausbreitet, seine Botschaft, um derentwegen es geschrieben wurde.

»*Rabbiner:* Wenn es der Börse gut geht, so habe ich Geld für meine Armen. [...] Eben jetzt brauchen wir wieder viel für die russischen Auswanderer, die wir übers Meer schicken – die Ärmsten. Ja, meine Freunde, wir sind noch lange nicht so schlimm daran, wie jene Glaubensbrüder. Wir dürfen wenigstens in unserem Vaterlande bleiben.
Jacob Samuel: Aber fragt mich nur nicht wie!
Rabbiner: Wie immer! Wir genießen den Schutz der Gesetze. Es ist wahr, man sieht uns wieder scheel an – wie in der alten Zeit, als wir im Ghetto lebten. Aber die Mauern sind doch gefallen.
Jacob Samuel: Die sichtbaren.
Rabbiner: Die Bewegung hat auch ihr Gutes. Seit der Antisemitismus im Land ist, sehe ich wieder mehr Frömmigkeit. Der Antisemitismus ist eine Mahnung, daß wir treu zusammenstehen sollen, daß wir nicht dem Gott unserer Väter abtrünnig werden sollen – wie Mancher es that. [...] Unser Gott hat uns noch aus jedem Mizrajim hinausgeführt. Und weil wir auf ihn vertrauten, haben wir uns erhalten, mit unseren alten Tugenden.

Jacob Samuel: Und den alten Fehlern.
Rabbiner: Zugegeben. [...] Das Ghetto war dumpf und unreinlich, aber es blühten darin die Tugenden der Familie. Der Vater war ein Patriarch. Die Mutter lebte nur für ihre Kinder – diese hatten eine ehrfürchtige Liebe zu ihren Eltern. Schelten Sie mir die Judengasse nicht, mein lieber Freund! Es ist unsere arme Heimat.
Jacob Samuel: Ich schelte sie nicht! Ich sage nur, wir müssen hinaus!
Rabbiner: Und ich antworte Ihnen: wir können nicht! Als das wirkliche Ghetto noch bestand, durften wir es ohne Erlaubnis nicht verlassen – bei schwerer Leibesgefahr. Jetzt sind die Mauern und Schranken unsichtbar, wie Sie sagen. Aber auch dieses moralische Ghetto ist unser vorgeschriebener Aufenthaltsort. Wehe dem, der hinaus will!
Jacob Samuel: Herr Doctor, diese Schranken müssen wir nur anders brechen, als jene alten. Die äußeren Schranken mußten von außen hinweggeräumt werden – die inneren müssen wir abtragen. Wir selbst! Aus uns hinaus!«[20].

Der zweite Akt spielt ein halbes Jahr später und handelt zunächst von Geld- und Eheproblemen des jungen Rechtsanwalts. Er arbeitet viel, verdient aber wenig, verteidigt »ein paar arme Teufel von Socialisten«. Die Ehefrau bangt um die Anschaffung ihrer mondänen Herbst- und Winter-Toilette. Dann erscheint sein bester Freund, sein Assimilationsvorbild, der ihm den aufrechten Gang des selbstbewußten Bürgers vorgemacht hat. Neben den Eltern ist er der wichtigste Mensch in seinem Leben. Aber jetzt will sich dieser von Jacob Samuel lossagen. Grund: die reiche Verwandtschaft, der Spekulant Wasserstein, die Gesellschaft der Geldjuden, auf die er »einen großen Zorn hat« – und in der der Freund seit seiner Verheiratung mehr und mehr aufgeht. Und an dieser Stelle wird aus dem routinierten Gesellschaftsporträt wieder ein Stück Herzlscher Politik. Erst einmal in einem großen Monolog:
»*Jacob Samuel:* Du bist ein Advocat geworden, weil deine

Familie von jeher Advocaten oder Ärzte in der Wienerstadt waren. So ist auch der Wasserstein das, was seine Ahnen gewesen, das heißt: wozu das Schicksal seine Ahnen gemacht hat. Es ist nicht seine Schuld. Es ist nicht sein Verdienst. Das Moralische fängt später an; nämlich beim Bewußtsein! Beim Überwinden des Instinctiven. Und uns hat nicht einmal die Natur zu dem gemacht, was wir sind, sondern die Geschichte. Mit Gewalt habt Ihr uns auf das Geld geworfen – und jetzt sollen wir auf einmal nicht am Geld kleben! [...] Und wenn Du mich jetzt vor die Wahl stellst, mit wem ich gehen will, mit Dir oder Wasserstein, so hab ich gewählt. Zum Wasserstein gehör ich, ob er reich oder arm ist. Ich kann ihm nichts vorwerfen, so wenig, wie ich Dich loben kann. Ihr steht jeder nur dort, wo Euch die Geschichte hingestellt hat. Aber weiter muß man kommen! Verstehst? Weiter, höher! Dann ist man ein Mensch.«[21]

Bei dieser Abrechnung allein bleibt es aber nicht. Genau in diesem Moment bröckelt die Fassade des Assimilationsvorbilds, der christliche Freund bekennt sein wahres Motiv für die Trennung. Er will nämlich »in die Politik«. Er will sich parteipolitisch engagieren. Und da »kann ich doch meinen Gegnern nicht diese Waffe in die Hand geben, daß ich so viel mit Juden verkehre, mit Börsianern. Da heißt's gleich: der Judenknecht!«

Deshalb wird Jacob Samuel von seinem besten nichtjüdischen Freund verlassen. Nein, den Antisemiten wird er sich nicht anschließen, aber dem politischen Mainstream. Das ist in diesem Schauspiel die Wiener Realität des Jahres 1893. Die eine Realität.

Die andere hat mit den Geschäften zu tun. Den Geschäften der reichen Verwandtschaft, die der junge Rechtsanwalt vertraglich absichern soll. Der Reihe nach treiben sie ihn in diesen Deal. Erst die Ehefrau, weil sie unbedingt ihre teuere Wintergarderobe haben will, dann der Schwager und der Spekulant Wasserstein. Aus dem heruntergekommenen Bergwerk des verschuldeten Rittmeisters soll eine millionenschwere Aktiengesellschaft gemacht werden. Die interessante Variante dabei: Unser Held willigt in die Sache ein, um den Rittmeister davor zu schützen, von den Geldjuden betrogen zu werden. Er ist eben ein anständiger jüdischer Advokat. Einer, der die beiden Welten: die der Mehrheit und die der Minderheit, »versöhnen« will.

Der dritte Akt führt weit weg von den Wiener Salons in die Arbeitswelt des heruntergekommenen Bergwerks, in dem all das Geld für den Rittmeister und die jüdischen Spekulanten erwirtschaftet wird. Der Dramatiker Theodor Herzl nimmt sich den Dramatiker Gerhart Hauptmann zum Vorbild, dessen »Soziales Drama: Die Weber« 1893 in Berlin uraufgeführt wurde. Das Publikum lernt diese Welt zwar nur in Form der klassischen »Mauerschau« kennen: Einer der Bergleute kommt in die Anwaltskanzlei, schildert die unmenschlichen Lebens- und Arbeitsbedingungen und bittet um Hilfe. Jacob Samuel bricht sofort auf, erlebt einen wochenlangen Streik der Arbeiter und ein katastrophales Gruben-Unglück. Als er nach Wien zurückkehrt, erfährt er von seinem Schwager und von Wasserstein, daß die Bergwerksaktien wie eine Blase geplatzt sind und der Rittmeister sein gesamtes Vermögen verloren hat. Der Schwager allerdings auch, nur der kluge Spekulant Wasserstein hat aus allem Profit geschlagen. Schließlich großer Auftritt des Rittmeisters. Er bezichtigt den Anwalt Jacob Samuel des Doppelspiels. Er habe im Auftrag seines Schwagers die Arbeiter aufgewiegelt und das Bergwerk in den Ruin geführt. »Sie haben mit Ihrem sauberen Herrn Schwager unter einer Decke gespielt! Judenpack!« Jacob Samuel ohrfeigt den Rittmeister und läßt ihn aus dem Haus werfen. Aber das ist natürlich nur ein kurzer, schaler Triumph.

Im vierten Akt findet das Duell zwischen Jacob Samuel und dem Rittmeister statt. So wurden die »Ehrensachen« ausgetragen – in der Literatur dieser Zeit wie in der Wirklichkeit dieser Zeit. Wie bei Joseph Roth und Arthur Schnitzler oder in der Burschenschaft »Albia«. Jacob Samuel wird tödlich getroffen. Er hat die beiden Welten nicht versöhnen können, er hat auch den Ausgebeuteten nicht helfen können, er hat sich der Beleidigungen nicht erwehren können. Die letzten Worte seines Todeskampfes lauten: »Juden, meine Brüder, man wird Euch erst wieder leben lassen – wenn Ihr ... Warum haltet Ihr mich – so fest? Ich will – hinaus! ... Hinaus – aus – dem – Ghetto!«

»Welch' ein unbefriedigender Schluß!« urteilt sein Biograph Alex Bein.

Da ist einerseits das Bekenntnis: »Juden, meine Brüder, man wird Euch erst wieder leben lassen – wenn Ihr ...« Wenn ihr – was? Wenn ihr euch auflehnt, oder wenn ihr euch total anpaßt oder vollkommen unsichtbar macht ... Wenn ihr verschwindet? Was bedeutet dieser unvollendete Satz, der im Finale wie eine leere Pathos-Stelle wirkt? Das ist die eine Frage – die andere: er will hinaus aus dem Ghetto. Aber wohin? Zu den anderen, in die Assimilation, die Auflösung, das Aufgehen in der Umwelt? Den offenen, ungewissen Ausgang begründete Herzl in einem Brief an Arthur Schnitzler, ein paar Wochen nachdem er das Drama fertiggeschrieben hatte, so: »Ich will durchaus keine Verteidigung oder ›Rettung‹ der Juden machen. Ich will die Frage nur mit aller Macht zur Diskussion stellen! Die Kritiker und das Volk sollen dann verteidigen oder anklagen. Komm' ich nur auf die Bühne, so ist der Zweck erreicht. Ich pfeif' auf das Geld, obwohl ich beinahe keines, und auf den Ruhm, obwohl ich gar keinen habe. Ich will gar kein sympathischer Dichter sein. Aussprechen will ich mich!«

»Die Frage nur mit aller Macht zur Diskussion stellen«, darum geht es bei diesem ersten und einzigen authentischen, nicht nach-modellierten, nicht auf den Publikumsgeschmack ausgerichteten Theaterstück Herzls. Und wenn es auch in Wien spielt und die Wiener Verhältnisse widerspiegelt, so hat es doch auch viel mit Herzls Pariser Erfahrungen und Erkenntnissen zu tun. Wir wissen aus seinen Tagebüchern und Briefen recht genau Bescheid, wie und auf welche Weise »Das neue Ghetto« entstanden ist. Mitte Oktober 1894 saß Herzl dem Bildhauer Samuel Friedrich Beer Modell in dessen Pariser Atelier. Der anerkannte Künstler und der vielgelesene Journalist stritten sich über die heraufziehende Gefahr eines wieder stärker werdenden Antisemitismus – in Österreich wie in Frankreich.

Am 19. Oktober erklärte Herzl gegenüber Beer, es nütze den Juden gar nichts, Künstler und geldrein zu werden. »Der Fleck haftet. Wir kommen nicht aus dem Ghetto heraus.« Am nächsten Tag erschien er nicht zur Sitzung, und vom 21. Oktober bis zum 8. November schrieb er Tag und Nacht »wie in einem Rausch«.

In 17 Tagen ist das Schauspiel entstanden, das zuerst »Das Ghetto« und später »Das neue Ghetto« hieß.

Ende November schickte er den Text an Arthur Schnitzler mit der sonderbaren Bitte, das Werk abschreiben zu lassen und es unter dem Pseudonym Albert Schnabel bei den Theatern in Wien und Berlin vorzulegen. »Es muß auf die Bühne, es muß, es muß. Es muß ins Volk. Sonst hört man mich nicht bis zu Ende an. Ich rede zu einem Volk von Antisemiten.«

Schnitzler war nicht erfolgreich. Kein Theater nahm das Manuskript in diesem oder im folgenden Jahr an. So wurde es im Lebenslauf von Theodor Herzl erst mal von den Erfahrungen und Ereignissen in Paris verdrängt. Die Zeit, in der er »Das neue Ghetto« schreibt, ist genau die Zeit, in der der Verratsprozeß gegen den jüdischen Offizier Alfred Dreyfus vorbereitet wird.

Am 20. Dezember ist erster Verhandlungstag. Theodor Herzl ist einer der wenigen ausländischen Journalisten im Gerichtssaal. Aber das ist eine andere Geschichte.

Deshalb noch einmal an den Anfang der Pariser Zeit zurück.

»Was ich hier gesehen und erlebt habe! Ich kann Ihnen nicht sagen, was das für eine tägliche, stündliche Erschütterung mit hunderttausend heftigen Anregungen war und ist. Dabei wird man ein anderer Mensch, ein anderer Künstler.«

Brief aus Paris, Mai 1895

Nicht ungestraft ist man Journalist
Paris, Oktober 1891 – Juli 1895

Hôtel Rastatt, Rue Douon, war Herzls erste Adresse in Paris. Der journalistische Auftrag der »Neuen Freien Presse« war klar definiert: Eduard Bacher, einer der beiden Herausgeber, hatte ihn Anfang Oktober 1891 so beschrieben: »Unsere Symphatien sind zumeist auf den Seiten der opportunistisch-republikanischen Seite. Dabei werden wir freilich oft Stellung gegen Frankreich als solches nehmen müssen; dem Korrespondenten aber, der sich Verbindungen schaffen und erhalten muß, gestatten wir gern, um ein paar Nuancen franzosenfreundlicher zu sein.« Und im übrigen wurde vom neuen Korrespondenten erwartet, daß er die Leser in Österreich mit allem versorgt, was von Interesse ist: Politik, Kunst, Literatur, Soziales …

Der Feuilletonist wurde Generalist, der Ästhet politischer Reporter, der Literat aktueller Berichterstatter, der innerhalb weniger Stunden seine Berichte telegrafisch nach Wien zu übermitteln hatte. Aber die Form, der Stil dieser journalistischen Arbeiten blieb wie in den Feuilletons. Er lieferte »Miniaturen mit Menschen«, »Stichproben aus dem Volk«. Unverwechselbar exklusiv.

Die folgenden Beispiele stehen für Hunderte von Zeitungsartikeln. Als Wahlberichterstatter schrieb er diese Hintergrundgeschichte aus der Kleinstadt Neuville: »Eine Stunde mit der Bahn. Dann eine Stunde über Land. Ich fahre im hohen, zweirädrigen Gabelwagen eines Wählers, der Fuhrmann ist – oder umgekehrt. Als er hörte, daß ich nach Neuville wollte, hielt er mich zuerst für einen Freund des Marquis, der dort begütert ist. Dann, als ich ihm sagte, daß ich zur Wählerversammlung des Deputierten reise, für einen besonders treuen Freund des letzteren. Daß ein Mensch von Paris kommt, um die sogenannten Mitbürger von Neuville zu sehen und zu hören, hätte er gewiß nicht verstanden. Darum bemühte ich mich nicht erst, ihm zu erklären, daß ich Stichproben im Volke machen wolle, um den französischen Parlamentarismus in seinen Grundlagen kennenzulernen.«

Als Parlamentskorrespondent beobachtete er aus dem engen Verschlag zwischen den zwei letzten Säulen des Palais Bourbon, dem Platz der »fremden Zeitungsschreiber«, die Charaktere und Masken der Politik: »Der Parlamentarismus erfordert weithin sichtbare Masken mit groben Zügen und von schrecklicher Starrheit. Das menschliche Gesicht darf aus vielen Gründen in seiner unerträglichen Wahrheit nicht gezeigt werden. Der Politiker muß sich einen Charakter zurechtmachen, den er bis ans Ende spielen wird, unbeirrt durch alle natürlichen Wandlungen. Daß solche in jedem vorgehen, folgt aus dem Leben. Gäbe es nichts als das Altern, mit seinem tragischen Ausgang, wir wüßten schon, daß sich die Unveränderten verstellen. Aber es läßt sich noch gar manche andere Tragik denken, zum Beispiel die des Ehrlichwerdens. Ein Mann, der durch Phrasen hinaufkam, wird eines Tages vom Ekel vor der Phrase erfaßt; er sieht erschüttert das Unzulängliche und Ungerechte der Gesetze, die er machen half und noch weiter hilft. Dennoch kann er von seiner angenommenen Person, die mit alldem verwachsen ist, ohne Selbstvernichtung nie mehr loskommen.

Die meisten politischen Charaktere entwickeln sich freilich anders. Wenn sie auftreten, ist ihre Begeisterung, ihr Mitleid für das Volk, ihr Zorn über das Unrecht der Zustände echt. So kommt der rednerische Schrei ergreifend heraus, und die Gebärde ist hinreißend. Plötzlich gewahren sie die Wirkung und merken sich den Schrei, die Gebärde wie Talmi. Die endgültige Form ist gefunden. Aus dem Gesicht entsteht die Maske.

Und wer oder was steckt hinter den Masken? Unbeschäftigte Advokaten, die ihr Geschwätz zwischen den Bänken ausbreiten. Herumlungernde Kannegießer aus Provinzkaffeehäusern. Berichterstatter, die in den Ausschüssen fleißig, aber gedankenlos wie auf einer Schulbank hinaufrücken, bis sie in den Ministerien sitzen; dann halten sie das Ziel der Menschheit für erreicht und sind wie Beamte ohne die versöhnende Anciennität. Ferner sieht man gute Jungen, die laut und sicher Mittelmäßigkeiten zum besten geben. Anspruchvolle Regenschirmfabrikanten, die Staatsmann spielen. Dagegen wieder Mundarbeiter, die den kleinen Mann vertreten und sich in den Debatten gleichsam die Stiefel ausziehen. Dort die erschöpften Abkömmlinge des alten Adels, die schadenfroh und kraftlos zusehen, wie sich die ›gueuse‹, die Republik, verblutet. Zwischendurch Geschäftsleute, in die Politik verirrt, suchend, was sich verschlingen ließe. Und endlich die Überlebten, die eine Viertelstunde des Glanzes hatten, wie vergessene Gespenster umherwanken und verdrossen oder mit der letzten Anstrengung müder Gehirne zuhören am inhaltslosen Nachmittag ... Palais Bourbon!«[22].

Tagesgeschichtsschreibung hat er die Korrespondentenarbeit aus Paris genannt: »Wir schreiben nur die Geschichte des Tages.« Um welche Tagesgeschichte ging es da?

Der Winter 1891/92 war eine Zeit der Wirtschaftskrise, eine Zeit der Streiks, eine Zeit anarchistischer Attentate nicht nur in Frankreich, aber dort eben auch.

Auszug aus einem Herzlschen Leitartikel:

»Man liebt es, die sozialistische Endstimmung des Jahrhunderts mit der politisch revolutionären des vorigen zu vergleichen, und sieht den Zusammenbruch einer Gesellschaft kommen, die sich theoretisch bereits aufgegeben hat. Dieser Vergleich, so blendend und erschrecklich er ist, geht nicht in die Tiefe.

So leicht die politische Gleichheit herzustellen war, so unmöglich ist die Erzielung der wirtschaftlichen. Da diese eine Wohlfahrtsbewegung ist, wäre ihr mit der Zerstörung des Kapitals, der Enthauptung des Individuums schlecht gedient. Gegen das Zurückfallen in einen primitiven Zustand stemmen sich nicht nur die Einsichtigen – deren Zahl nicht ausreichen würde – sondern auch alle jene, die etwas zu verlieren haben.

Und die Menge solcher ist weit größer, als es die der politisch Bevorrechteten im vorigen Jahrhundert war ...

Dieselben neuen Industrien, die ein proletarisches Heer von Unzufriedenen schufen, haben auch eine Armee von Verteidigern auf die Beine gebracht, die man weniger beachtet, weil sie weniger Lärm macht. Ganz abgesehen davon, daß eine Nationalversammlung wohl das allgemeine Stimmrecht beschließen kann, aber machtlos ist, Gesetze zu geben der Erzeugung und dem Verbrauch, dem Weltmarkte und den Naturkräften. Der Schwärmer hofft, daß die Fortschritte der Technik die Wunden wieder heilen werden, die sie geschlagen, daß ein Weg würde gefunden werden, auf dem die Technik Arbeit und Kapital versöhnen werde.«

Parlament, Provinz, Prozesse – das waren die Themen dieser Tagesgeschichtsschreibung. »Futter für den weitgeöffneten Schlund der Neugierde«, wie es sein Chefredakteur in Wien forderte. Und Paris hatte in dieser Zeit dem »Schlund der Neugierde« viel zu bieten. Im März 1892 terrorisierte eine Anarchistengruppe die französische Hauptstadt. Sprengstoffattentate fast jede Woche. Am 30. März wurde ihr Anführer Ravachol verhaftet und anschließend vor Gericht gestellt.

Auszug aus Herzls Bericht über den letzten Prozeßtag vor dem Schwurgericht: »In langen Stunden haben wir gestern dieses harte Gesicht (des Angeklagten) studiert, auf dem Fanatismus und Verschmitztheit wechseln. […] Es ist etwas Unpersönliches in diesem Menschen. Er spricht gelassen. Mit ruhiger Festigkeit sagt er, daß man den jetzigen Zustand der Dinge ändern müsse; und wenn er die kommende, bessere Zeit schildert, wo die Schwachen den Schutz Aller genießen, klingt seine Stimme weich […] Und dieser Mensch hat gemordet, um zu rauben, Leichen ausgegraben und bestohlen, mit falschem Geld betrogen, Häuser gesprengt, in denen Unschuldige wohnten! ›Unschuldige‹ nämlich selbst nach seiner Auffassung. Was ist er also? Ein gemeiner oder politischer Verbrecher? Schwärmer oder Schuft? Wohltäter der Armen und Elenden – und darum Räuber und Mörder? […] Der Wahrheit kommen wir wohl am nächsten, wenn wir annehmen, daß er als schlechter Kerl begann, um als guter Kerl zu enden.

Heute glaubt er an sich und seine Mission. Er ist in den Verbrechen ehrlich geworden. Der gewöhnliche Mörder eilt mit seinem Raub ins Freudenhaus. Ravachol hat eine andere Wollust entdeckt: die Wollust der großen Idee und des Martyriums.«[23]

»Die Wollust der großen Idee« ist ein Stichwort, das bald Herzls eigenen Lebenslauf prägen wird, man muß es sich deshalb besonders merken.

Aber weiter mit der Ravachol-Berichterstattung. Kurz vor der Urteilsverkündung erschütterte wieder ein Sprengstoff-Attentat die Stadt. Der Staatsanwalt forderte die Todesstrafe für den Anarchistenführer. Aber die Geschworenen, die offenbar eine Eskalation des Terrors fürchteten, billigten Ravachol mildernde Umstände zu, verurteilten ihn zu lebenslanger Gefangenschaft. Herzl urteilte über das Urteil so: »Wer Anarchisten mit Rührung betrachtet, der ist dem Staat untreu geworden; wer sie mitleidig beurteilt, mag ein guter Mensch sein, ist aber ein schlechter Bürger.« Seine Geschworenen-Schelte hatte es in sich: »Eine Demokratie, die untaugliche Geschworene hervorbringt, ist in ihrem Wesen bereits monarchisch. Es fehlt ihr nur der Einzelherrscher. Der wird sich finden.«[24]

Es ging aber auch ohne Einzelherrscher im Fall Ravachol aufs Schafott. In einem zweiten Strafverfahren wenige Wochen später wurde er zum Tode verurteilt und im Juli 1892 öffentlich hingerichtet. Ganz im Sinne des Paris-Korrespondenten der »Neuen Freien Presse«.

Privatleben

Herzl war gerade mal vier Wochen in Paris, als Julie aus Wien anreiste, um ein gemeinsames Weiterleben zu bereden. Was hatte Herzl noch im Juni, drei Tage nach der Geburt des Sohnes, geschrieben? »Meine Frau und deren Familie glaubt fest, daß ich durch die Gottesgabe eines Sohnes nun dauernd gebrochen und unterjocht bin – wenigstens bis zur nächsten Schwangerschaft. Und dann wird so fortgewurschtelt?

Diese Leute scheinen zu glauben, daß ich mit einer Frau leben werde, mit der meine Eltern nicht verkehren, die seit sieben Monaten nicht in meinem Haus waren. Wenn ich das ruhig ertrüge, wäre ich ja wirklich wert, mit einer solchen Frau weiterzuleben!«[25]

Julie scheint die Unterredung gewonnen zu haben. Jedenfalls wird ab 1892 »fortgewurschelt«. Im Februar zogen Frau und Kinder nach Paris, im Sommer allerdings auch die Eltern Herzels. Die alte Konstellation war wiederhergestellt. Aber es kann nicht alles so schlecht gewesen sein. Denn in einem Brief an die Eltern im Februar 1892 hielt er fest: »Das Leben hat wieder einen Reiz für mich.«

Und vor einem gemeinsamen Urlaub in Altaussee schrieb er an Julie: »Ich werde, wenn Du mich läßt, mein Herz, während meines Urlaubs jeden Tag drei Stunden arbeiten. Das ist keine zu große Anstrengung, man kann dabei spazieren gehen, schwimmen, fahren, mit den teuren Kindern spielen und seiner schönen Frau, wenn sie lieb ist, das höchst angenehme Goderl kratzen.«

Am 20. Mai 1893 wird das dritte Kind, die Tochter Margarethe, genannt Trude, geboren.

Französische Antisemiten

Rückblick: Tagebucheintrag Pfingsten 1895:
»In Paris geriet ich – wenigstens als Beobachter – in die Politik. Ich sah, womit die Welt regiert wird. Ich starrte auch das Phänomen der Menge an; lange Zeit, ohne es zu begreifen. Ich kam auch hier in ein freieres und höheres Verhältnis zum Antisemitismus, von dem ich wenigstens nicht unmittelbar zu leiden hatte. In Österreich oder Deutschland muß ich immer befürchten, daß mir hepp-hepp nachgerufen wird. Hier gehe ich doch ›unerkannt‹ durch die Menge.«

Unerkannt und weniger getroffen von den Anfeindungen, waren die Erfahrungen andere als in Wien oder Budapest. Obwohl sie ständig etwas von einem *Déja-vu* gehabt haben müssen – gleiche Bilder, gleiche Szenen, nur ausgedrückt in einer anderen Sprache –, legte er großen Wert auf Unterscheidung.

»Man darf sich durch die Namensgleichheit nicht in die Irre führen lassen«, hielt Herzl fest, »der französische Antisemitismus ist ein ganz, ganz anderer, als in den anderen Ländern. Hier werden die Juden nicht dem Pöbel hingeworfen. Hier ist der Antisemitismus auch nicht der schlau von oben herab in nationale Parteien getriebene Keil. [...] Er ist ein Stelldichein der Unzufriedenen, eine Art Salon der Zurückgewiesenen.«[26]

Aber das ist nur die eine Seite des Unterschieds, diejenige, die die Antisemiten betrifft. Die andere Seite, die sich auf die Resonanz im Volke bezieht, ist noch viel entscheidender. »In Frankreich ist allerdings schwer zu übersehen, daß dieses Jahrhundert der Juden-Gleichberechtigung zugleich dasjenige ist, in welchem das Volk in breiteren Scharen, als man es je auch nur geahnt, zum Wohlbefinden hinaufstieg. So steht denn das französische Volk vorläufig dem Antisemitismus fremd und verständnislos gegenüber.«

Vorläufig – das Wort klingt wie eine Parole der Hoffnung. Aber auch Frankreich hatte seinen Dühring. Er hieß Edouard Drumont, hatte 1885, also drei Jahre nach dem deutschen Vorläufer, den Doppelband »La France Juive« veröffentlicht und in einem Jahr hundert (!) Auflagen verkauft. Das war der größte buchhändlerische Erfolg dieser Zeit. Kein Roman, keine Herz-Schmerz-Geschichte, nein, ein Doppelband über das »verjudete Frankreich«!

Bei Drumont konnte Theodor Herzl lesen, daß die in ganz Europa als Vorbild angesehene Emanzipation der Juden 1791 »ein Fehler war. Sie sind nicht Franzosen, sie sind ein Gastvolk, das das Entgegenkommen des Wirtsvolkes nur ausnützt zu seiner Beherrschung, zur Ausbreitung der jüdischen Weltherrschaft. Als Vertreter eines anonymen Kapitalismus, deren Handelsgeist rassenmäßig verankert ist, zerstören sie mit den Großbetrieben den gewachsenen christlichen Mittelstand und bringen den ganzen Besitz an sich (Rothschild). Sie depravieren mit ihrem minderwertigen Rassencharakter das Franzosentum, sie sind schuldig an der Dekadenz Frankreichs. Sie sind und bleiben ein landfremdes, ein dem Franzosen wesensfremdes Element, ohne wirkliche Vaterlandsliebe, ohne wirkliche Verbundenheit.«[27]

Und so weiter und so weiter. Wie in den Budapester Parlamentsreden, wie bei den Studentenfeiern in Wien, wie in Dührings Buch.

Herzl traf auf die altbekannten Dämonen auch in Paris. Und Edouard Drumont war dabei ein Antisemit besonderer Art, der nicht nur als Bestseller-Autor einen Namen hatte, sondern auch als Verleumder liberaler Politiker und – als Duellant. Dem Vizepräsidenten der Deputierten-Kammer, Burdeau, hatte er in aller Öffentlichkeit unterstellt, von Alphonse Rothschild bestochen worden zu sein. Burdeau zog vor Gericht, und Drumont wurde wegen Verleumdung zu drei Monaten Gefängnis verurteilt.

Auf seine Hetzkampagne gegen jüdische Offiziere reagierte der Dragonerrittmeister Cremieu-Foa mit der Forderung auf Säbel. Das wurde das erste Duell einer Serie, in der sich jüdische Militärs gegen antisemitische Publizisten zur Wehr setzten. Drumont wurde leicht verletzt. Sein Gegner forderte – einmal in Fahrt – auch gleich noch einen Gefolgsmann Drumonts auf Pistolen. In einem dritten Duell aber, welches wiederum ein Gefolgsmann des Gefolgsmannes Drumont provoziert hatte, wurde der 34jährige jüdische Hauptmann Mayer erstochen. Das Erstaunliche: die Republik war empört.

Das Begräbnis glich einer Demonstration für das liberale Frankreich. 50000 Menschen folgten dem Sarg des Hauptmanns Mayer. In Herzls FNP-Artikel wird aus der Leichenrede des Großrabbiners von Frankreich, Zadok Kahn, folgende Passage zitiert: »Die allgemeine Trauer des Landes enthält eine hohe Lehre. Die großartige Seele Frankreichs tritt in ihrer ganzen Großmut, Gerechtigkeitsliebe und Liebe zur Armee zu Tage. Das Opfer von Mayers Leben wird nicht unnütz gewesen sein, wenn durch die Trauer, die sie jetzt umflort, Frankreichs Fahne hervorleuchtet: das glorreiche, unsterbliche Symbol der Gerechtigkeit und Brüderlichkeit.«[28]

Duelle und Taufen

Diese Zweikampf-Serie zwischen jüdischen Offizieren und antisemitischen Literaten muß Herzl so beeindruckt haben, daß er auf die seltsame Idee kam, selbst einen der »Groß-Antisemiten« Wiens zum *Duell* zu fordern.

In Gesprächen und Briefen phantasierte er darüber, daß er sich bei nächster Gelegenheit entweder mit dem Ritter von Schönerer oder mit Karl Lueger von den Christlich-Sozialen oder auch mit dem Prinzen Liechtenstein duellieren wolle. Der alte Burschenschaftler mit reicher Fechtboden-Erfahrung hielt das für eine großartige, herausfordernde Idee. Ein Zeichen für seinesgleichen, sich endlich zur Wehr zu setzen gegen Schmähungen und Beleidigungen, diese lebensvernichtenden Drohungen, diese Kriegsansagen inmitten ziviler Gesellschaften. Er fragte sich und andere: »Was hätte ich schon zu verlieren?«

Im Fall seines Todes würde er der Nachwelt einen Brief hinterlassen mit der Botschaft, daß er das »Opfer der ungerechtesten Bewegung« geworden sei. Wahrscheinlich hatte er noch Bilder von dem Trauerzug für Mayer durch Paris vor seinen Augen und projizierte diese auf sich: Herzl als Märtyrer! Und im anderen Fall, der ja der eigentlich heiß ersehnte, erhoffte war: »Als Sieger eines solchen Duells wollte ich vor dem Schwurgericht eine großartige, eine gewaltige Lassallesche Rede über die Judenfrage halten, die die Geschworenen erschüttert, gerührt, dem Gerichtshof Achtung abgezwungen hätte – und wäre freigesprochen worden.

Darauf wäre mir von den Juden ein Abgeordnetenmandat angeboten worden. Ich hätte es aber ablehnen müssen, weil ich nicht über die Leiche eines Menschen in die Volksvertretung gelangen wollte.«[29] Herzl als Held!

Nun ließe sich solch ein Szenario leicht als halb-ironischer Traum deuten, die Phantasie eines geistreichen Spötters, der – wie so oft – die Flucht in die Erzählung, die böse Geschichte, die skurrile Fabel nimmt, um auf die Bedrängnisse der Wirklichkeit zu reagieren. Wenn, wenn, wenn … da nicht zur gleichen Zeit eine Korrespondenz zwischen Herzl und dem in Wien – wie vorher schon in Berlin – gegründeten »Verein zur Abwehr des Antisemitismus« überliefert wäre. Mit diesem Verein versuchten jüdische und nicht-jüdische Intellektuelle den heraufziehenden Hetz- und Haß-Kampagnen etwas entgegenzusetzen: Aufklärung, Appelle, Widerspruch, Diskurs.

Regina Friedländer, die Witwe des Gründer-Verlegers der »Neuen Freien Presse«, versuchte Herzl für die Mitarbeit in diesem Verein und speziell für die kleine Monatsschrift »Freies Blatt« zu gewinnen, mit dem sie, das Ehepaar Suttner, Graf Hoyos, der Großindustrielle Leitenberger und andere glaubten die Gefahr abwenden zu können.

Und was ist der Rat Herzls auf die Anfragen aus Wien?

Erstens: Duelle.

Zweitens: Taufen.

Duelle und Taufen – Einerseits sich zur Wehr setzen, Gleiches gegen Gleiches setzen und dabei die Vorurteile in ihr Gegenteil verkehren. Andererseits: Völliges Untertauchen.

Zitat aus dem Brief im Januar 1893 an Regina Friedländer:

»Ein halbes Dutzend Duelle würde die gesellschaftliche Position der Juden sehr heben.«

Und im übrigen: Nur Taufe und Einheiraten in die jeweilige Mehrheitsgesellschaft führen zu Teilnahme an einem gleichberechtigten Leben.

Die Wiener waren empört. Am 23. Januar 1893 schrieb Baron Leitenberger an Herzl: »Daß sich alle schief angesehenen Juden duellieren und überhaupt alle Juden taufen lassen sollen, das sind vielleicht charmante Salon-Causerien, aber nicht geeignet, von Männern ins Calcül gezogen zu werden, die im heiligen Ernst sich mannbar gegen den Rassenkampf auflehnen.«[30]

Diesen Vorwurf wollte Herzl nicht auf sich sitzen lassen und legte in einem 22 Seiten langen Brief noch einmal auseinander, wieso er diese Integrations-, ja Assimilations-Politik so vehement vertrat. Da gibt es einen sehr persönlichen Teil zur Taufe, der von sich selbst und seinem Sohn handelt. Er selbst wird sich nie taufen lassen.

»Aber mein Sohn Hans? Wenn ich über ihn nachdenke, finde ich wohl, daß ihm der Druck des Judentums Lehren der Menschlichkeit geben wird. Aber ich frage mich, ob ich das Recht habe, ihm das Leben so überflüssig schwer zu machen, wie es mir wurde und noch weiter sein wird. Wenn er groß sein wird, hoffe ich, wird er zu stolz sein, dem Glauben abzuschwören, obwohl er ihn offenbar so wenig haben wird, wie ich. Darum müßte man die Judenbuben taufen, solange sie unzurechnungsfähig sind, so daß sie nichts dafür und nichts dagegen können. Untertauchen im Volk!«

Diese persönliche Geschichte wird später zu einem Aktionsplan ausgearbeitet, der sicher recht einmalig in der Minderheiten-Mehrheiten-Geschichte der europäischen Juden ist. Noch im gleichen Jahr, 1893, wollte sich Herzl als Bittsteller an den Papst wenden. »Helfen Sie uns gegen die Antisemiten, und ich leite eine große Bewegung des freien und anständigen Übertritts der Juden zum Christentum ein.« Herzl, der Anführer!

Für Österreich sah der Plan folgendes vor: »Am hellichten Tage, an Sonntagen um zwölf Uhr, soll in feierlichen Aufzügen unter Glockengeläute der Übertritt in der Stefanskirche stattfinden. Nicht verschämt, sondern mit stolzen Gebärden. Und dadurch, daß die Führer Juden bleiben, die junge Söhne aber zu Christen machen, würde ein Zug großer Aufrichtigkeit das Ganze erheben.«

Welch eine Vorstellung! Die Rabbiner und die Väter geleiten die Kinder und Jugendlichen bis zur Schwelle des Doms und übergeben sie dann den katholischen Priestern! Die Jungen »können nichts dafür und nichts dagegen« – die Erwachsenen liefern sie gewissermaßen aus: wie Opfer für ein besseres, nicht mehr diskriminiertes Leben. Und von da an wäre die »Judenfrage« gelöst?

Aber wie läßt sich erklären, daß Herzl zur gleichen Zeit immer wieder darauf hinwies, die Judenfrage habe mit Theologie und Glauben gar nichts mehr zu tun?

»Die Zeiten sind vorüber, wo man sich wegen der Formen des Abendmahls die Köpfe blutig schlug. Heute handelt es sich nicht mehr um das Abendmahl, sondern um das Mittagsbrot. Die Judenfrage ist weder eine nationale, noch eine konfessionelle, sie ist eine soziale.«[31]

Ja, wie denn nun? Warum dann die Massentaufen im Stephansdom? Wahrscheinlich aus Angst um die Kinder – wie im Nachdenken über das Leben des eigenen Sohns formuliert. Wahrscheinlich aus purer Verzweiflung angesichts der »Juden-Debatten« im französischen, deutschen, österreichischen Parlament, des politischen Siegeszugs der Antisemiten überall in Europa – in Nuancen unterschiedlich, aber in der Tendenz gleich.

Diese Widersprüche: Duelle und Taufen – in Deutschland sollen die Juden sich den Sozialisten anschließen, in Österreich den Katholiken –, diese Widersprüche lassen sich, wenn überhaupt, nur als Hilflosigkeit gegenüber den herrschenden Verhältnissen interpretieren. Dieser Mann hatte schon fast alles in Gedanken versucht und durchgespielt, was seinesgleichen hätte helfen können, und dabei drehte er sich allmählich im Kreis. Wie in einem Hamsterrad ersonnen, erscheinen diese Ratschläge und Vorschläge, Aktionspläne und Utopien.

Ach, der Papst würde ihn doch gar nicht empfangen, erwiderte sein Chefredakteur Benedikt auf den Vorschlag der Massentaufe. Ach, der Prinz Liechtenstein hielte ihn doch wahrscheinlich gar nicht für satisfaktionsfähig, entgegnete ihm der Baron Leitenberger. Und ach, in Lille, der Hochburg der französischen Sozialisten, hat Paul Lafargue, der Schwiegersohn von Karl Marx, nur Verachtung und Haß übrig für die Juden und ihr Geld.

Ziemlich auswegslos die Situation. »Der Fleck haftet«, lautete der resignative Satz Herzls gegenüber dem Bildhauer Samuel Friedrich Beer. Kein Ausweg also – aber eine Flucht war möglich. Wieder einmal die Flucht in den »Rausch« des Schreibens. Nach drei Jahren journalistischer, beobachtender Chronisten-Arbeit stürzte er sich in die Produktion seines Dramas »Das neue Ghetto«. Drei Wochen nur Glut und Arbeit – weg vom Tagesgeschäft, von den Wahlkämpfen, Parlamentsdebatten, Prozessen. Weg von der Kommentierung der Ermordung des Staatspräsidenten Carnot durch den Anarchisten Caserio, weg von der Analyse der Präsidentenwahl Periers, der Verschärfung der Pressegesetze und hin zur jüdischen Tragödie des Jacob Samuel, der mit Anstand und Stolz durchs Leben gehen will, kläglich scheitert – in einem Duell stirbt.

Das »neue Ghetto«, in 17 Oktober- und Novembertagen 1894 geschrieben, war eine seiner künstlerischen Lebensfluchten aus der Wirklichkeit, bis diese Wirklichkeit ihn dann aufs neue unerbittlich wieder einholte: durch die Konfrontation mit der Affäre Dreyfus. Eins allerdings ist festzuhalten: Schon bevor es losging mit dem Prozeß gegen Alfred Dreyfus, den jüdischen Hauptmann aus dem Elsaß, war Herzl ein vom Antisemitismus in die Enge Getriebener. Was hatte sich zu diesem Zeitpunkt der 34 Jahre alte Jurist und Journalist, europäische Bürger und Künstler nicht schon alles erhofft, ausgedacht, zurechtgelegt, um den antisemitischen Haltungen und Handlungen seiner Zeit zu entgehen, ihnen etwas entgegenzusetzen? Duelle, Taufen, Spott, ironische Hinnahme, Analysen, Argumente, vorbildliches Elite-Verhalten, bedingungslose Liebe zur Kultur, zu den Traditionen, den staatlichen Ordnungen der europäischen Gesellschaften.

Die Affäre Dreyfus konnte ihn nicht wirklich überraschen. Der Haß auf die jüdischen Offiziere in der französischen Armee war ihm nicht neu – dafür war die Duell-Serie ein Beispiel. Die Attacken gegenüber liberalen Politikern waren ihm auch bekannt, spätestens aus dem Prozeß Burdeau gegen Drumont. Und Drumonts »La France Juive« hatte er schließlich auch gelesen.

Also, die Ausgangslage war klar. Seine einzige Hoffnung blieb, daß die französische Bevölkerungsmehrheit der jüdischen Minderheit gegenüber nicht feindlich gesinnt war, sich der großen Idee der Freiheit in Brüderlichkeit verpflichtet fühlte.

»Vorläufig«, wie er ein paar Monate vorher konstatiert hatte.

»Aber es war kein Traum, von Dichterhand
um unsere erschreckten Seelen gewoben.
Wirklichkeit war es. Fünf Jahre.«

Die Revision, 1899

Die Dreyfus-Affäre

Herzl/Zola – Zwei Sichtweisen auf den Jahrhundert-Skandal

In den November/Dezember-Wochen 1894, Herzl hatte gerade seinen Schauspieltext »Das neue Ghetto« zu Schnitzler nach Wien abgeschickt, verschattete ein außergewöhnlicher Spionagefall die französische Tagespolitik und die Presseberichterstattung. Der jüdische Hauptmann Dreyfus war unter dem Verdacht verhaftet worden, Dokumente des französischen Generalstabs an den deutschen Militär-Attaché von Schwarzkoppen »verkauft« zu haben.

Sieben Wochen lang beherrschte der mögliche *Verrat am Vaterland* die Diskussion. »Alles Geheimnis, Rätsel, Aufregung«, telegrafierte Herzl an seine Zeitung nach Wien.

Der Hauptmann leugnete alles.

Es gab nur ein einziges Beweisstück, und dessen Echtheit wurde von der Verteidigung sehr überzeugend angefochten. Kriegsministerium und Ankläger versuchten alles so geheim wie möglich zu halten. Die Bürger dagegen forderten Klärung in aller Öffentlichkeit. Die Pariser Zeitungen bildeten von Anfang an zwei Lager: pro Dreyfus wenige, darunter allerdings der »Figaro«, und viele contra Dreyfus.

Als der Prozeß begann, war Herzl klar, und so telegrafierte er auch nach Wien, daß mehr auf dem Spiel stand »als eine Frage der Armee, ob Hauptmann Dreyfus sein Vaterland verraten hat oder ob es möglich war, einen Offizier unter der furchtbarsten Anklage ohne genügende Beweise zu verhaften und öffentlich entehren zu lassen«.[32]

Den ersten Prozeßtag, am 19. Dezember 1894, beobachtete er als akkreditierter ausländischer Korrespondent.

»Zu je 18 Personen werden wir ins Haus des Kriegsgerichts, einen alten, verfallenen Palast, eingelassen. Der winzige Saal wird durch Bänke und Holzverschläge noch verkleinert. Auf einer Erhöhung befindet sich der mit grünem Tuch bedeckte Gerichtstisch umgeben von sieben roten Samt-Fauteuils; hinter dem Gerichtstisch ein großes Christusbild und an der Wand hinter dem Verteidigerplatz eine runde gewöhnliche Wanduhr. Der Platz des Verteidigers sieht aus wie eine große hölzerne Hühnersteige, davor drei Stufen hoch eine rohe Bank in einem Holzverschlag: da wird der Angeklagte sitzen. [...]

Im Saal, hinter den Journalistenbänken, zieht Wache auf und bildet eine Bayonnethecke vor dem übrigen Publicum. Jetzt tauchen hinter dem Gerichtstische einige Damen auf, die Federn nicken lustig von ihren Hüten. Eine Bewegung, Commandoworte erschallen, der Gerichtshof wird angemeldet. Der Wache-Lieutenant ruft: ›Gardez à vous! Portez armes! Présentez armes!‹ Alle Anwesenden stehen, die Officiere salutieren, das Kriegsgericht ist eingetreten.

Der Vorsitzende Oberst E. Maurel und die sechs Beisitzer stehen um den Gerichtstisch. Sie haben die Käppis auf. Maurel ruft mit starker Stimme: ›Die Verhandlung ist eröffnet. Man führe den Angeklagten herein.‹ Einige Minuten vergehen. Totenstille herrscht im Saale. Alle Köpfe drehen sich nach der kleinen Eingangstür, und dort taucht nun mitten unter dem Publicum der Angeklagte auf. Er ist nicht gefesselt, obwohl die Todesstrafe auf dem Verbrechen steht, dessen man ihn beschuldigt.

Er wird nur von einem Lieutenant hereinbegleitet. Die Spannung, mit der ihn Alle betrachten, ist außerordentlich. Eine stramme Gestalt, etwas über Mittelgröße, in der eleganten dunklen Uniform der Artillerie-Officiere, an den Aermeln die drei goldenen Hauptmannsstreifen. Dreyfus geht gesenkten Hauptes durch das Zuschauergedränge, steigt die drei Stufen zur Anklagebank hinauf, macht aufrecht Front vor dem Gerichtshof und verneigt sich kurz und stramm. Dann setzt er sich. Jetzt kann man seinen Kopf betrachten. Er sieht um zehn Jahre älter aus, als er ist.

Man sagt, er wäre im Gefängnisse so gealtert. Das kurze

Haar ist ergraut, die Stirne zur Glatze erweitert, die Nase sehr scharf gebogen, die Ohren ziemlich abstehend, die Wangen und das energische Kinn rasiert, der dichte Schnurrbart kurz verschnitten, der Mund schmerzlich verzogen. Auf der Nase sitzt ein Kneifer. Dreyfus zeigt eine feste, ruhige Haltung.«[33]

Dieser erste Prozeßtag entschied, daß gegen Hauptmann Dreyfus geheim verhandelt werden würde. Nur das Urteil wäre öffentlich zu verkünden.

Vom Prozeßfortgang in den folgenden Tagen ausgeschlossen, schilderte Herzl in seinen Berichten vor allem die verstörenden Begleitumstände des Verfahrens. Menschenmengen drängten sich vor dem Militärgerichtshof. »[...] aber was sich in der engen Gasse zeigt, kann nicht entfernt eine Vorstellung vom ungeheuren leidenschaftlichen Interesse geben, mit welchem Paris auf das Ergebnis des Prozesses wartet.« Dieses leidenschaftliche Interesse, diese Gefahr, diese »Vive la Patrie!«- Rufe, diese Schmäh-Sprache in den Zeitungen, diese mannigfaltige Hysterie – was hatte sie zu bedeuten? Was war ihr eigentlicher Grund?

Der kundige Beobachter Herzl wies immer wieder darauf hin, daß es in dieser Zeit bereits mehrere Spionagefälle in der französischen Armee gegeben hatte, die aber, wie in Friedenszeiten üblich, »keinen tollen Grimm erregten«. Was war jetzt anders? War es zu Ende mit der »vorläufigen« Toleranz des französischen Volkes, der Idee von Freiheit in Brüderlichkeit?

Am 22. Dezember 1894 wurde das Urteil öffentlich verkündet: lebenslängliche Deportation und Aberkennung aller militärischen Ehren. Und für diesen militärischen Akt gab es am 5. Januar 1895 ein großes Zeremoniell.

Herzl, der ausländische Chronist und Augenzeuge, hat es uns überliefert: »Die Degradation des Kapitäns Dreyfus versammelte an diesem trüben Wintermorgen viele Neugierige in der Umgebung der Kriegsschule, die hinter dem Bezirke der Ausstellung vom Jahre 1889 liegt. Man sah eine große Anzahl Offiziere, mehrere mit ihren Damen. Der Einlaß in den Hof der Ecole Militaire war nur Offizieren und wenigen Journalisten gestattet. Draußen harrte die Menge der Gaffer, die Hinrichtungen beizuwohnen pflegen. Es war viel Polizei aufgeboten worden. Um neun Uhr war der Riesenhof mit Truppenabteilungen, die ein Karree bildeten, gefüllt. Fünftausend Mann waren ausgerückt. In der Mitte hielt ein General zu Pferde. Einige Minuten nach neun wurde Dreyfus herausgeführt. Er trug die Hauptmannsuniform. Vier Mann führten ihn vor den General. Dieser sagte. ›Alfred Dreyfus, Sie sind unwürdig, die Waffe zu tragen. Im Namen des französischen Volkes degradiere ich Sie. Man vollziehe das Urteil‹. Da erhob Dreyfus die rechte Hand und rief: ›Ich schwöre und erkläre, daß Sie einen Unschuldigen degradieren. Es lebe Frankreich!‹ In demselben Augenblick wurden die Trommeln gerührt. Der militärische Gerichtsvollzieher begann, dem Verurteilten die Knöpfe und Schnüre, die schon vorher gelockert waren, von der Uniform herabzureißen. Dreyfus bewahrte eine ruhige Haltung. Nach wenigen Minuten war die Prozedur vollzogen. Nun begann der Rundgang vor der Front der Truppe. Dreyfus schritt an dem Truppenspalier vorbei, wie ein Mann, der sich unschuldig fühlt. Er kam an einer Gruppe von Offizieren vorüber, die ihm zuschrien: ›Judas! Verräter!‹ Dreyfus rief zurück: ›Ich verbiete, mich zu insultieren‹. Um neun Uhr zwanzig Minuten war der Rundgang beendet. Dreyfus wurde dann gefesselt und den Gendarmen übergeben.«[34]

Wichtig zu wissen: Dies war ein telegrafischer Tagesbericht, abgesetzt ein bis zwei Stunden nach dem Ereignis und noch am selben Tag in der Abendausgabe der »Neuen Freien Presse« abgedruckt. Noch am gleichen Nachmittag schickte er ein zweites Telegramm, das in der Sonntag-Morgenausgabe in folgendem Wortlaut erschien:

»Zu Dreyfus' Degradation ist noch nachzutragen, daß er auf dem Rundgange wiederholt den Soldaten, unter welchen sich viele junge Rekruten befanden, zurief: ›Ich bin unschuldig!‹ Bei einer Gruppe von Journalisten angelangt, blieb er stehen und sagte: ›Sie werden ganz Frankreich mitteilen, daß ich unschuldig bin!‹ Einige antworteten mit Beschimpfungen. Die Menge draußen, die über das Gittertor Einzelnes vom Degradationsakte sah, stieß wiederholt die Rufe aus: ›Zu Tode mit dem Verräter!‹ […]«

Herzls Biograph Alex Bein hat Jahrzehnte später vermutet, daß die Redaktion in Wien dieses zweite Telegramm aus »Ängstlichkeit« gekürzt habe, und zwar um die entscheidende Schluß-Passage. »›Zu Tode mit dem Verräter!‹ rief die Menge vor der Ecole Militaire, und sie rief ›A mort! A mort les juifs! Tod den Juden!‹«

In Wien wollte man offenbar den dort gewaltig wabernden Antisemitismus nicht provozieren. Aber diese Sätze sind so wichtig, weil sie einen besonderen Stellenwert im Leben Herzls bekommen haben. Wann immer er sich in den folgenden Jahren mit der Affäre Dreyfus auseinandersetzt: in Briefen, Tagebucheintragungen, Gesprächen, vier großen Essays, immer geht es um diesen Fluch, diese Morddrohung, die er nicht mehr los wird. Dieser Wutschrei einer Menschenmenge, hinter der die Mehrheit der französischen Bevölkerung zu vermuten war, die »einen Juden verdammt – und in diesem einen alle Juden«.

Die Folgen der Affäre

Über fünf Jahre zog die Affäre Dreyfus ihre Spur durch Frankreich und schließlich auch Europa: von 1894 bis 1899.

Erster Prozeß / Kampf um die Wiederaufnahme des Verfahrens / Emile Zolas Offener Brief an den Präsidenten »Ich klage an!« / Zweiter Prozeß / Erneute Verurteilung / Begnadigung. Eine Ewigkeit für einen Justizfall. Eine besondere Ewigkeit für einen Justizfall, der ein Polit-Skandal größten Ausmaßes war, wie wir heute wissen, und wovon wir uns, rückschauend in der Betrachtung der einzelnen Stadien der Affäre, gar nicht lösen können.

Wir wissen, daß Dreyfus unschuldig war. Die Dokumente waren gefälscht, die Zeugenaussagen ganz und gar untadeliger Offiziere erlogen. In Wirklichkeit war ein Major Esterhazy der

Verräter. Theodor Herzl konnte das anfangs nicht wissen, später nur vermuten, aber er ahnte die ihm wohlbekannte alte Sündenbock-Geschichte hinter dem sogenannten *Vaterlandsverrat eines Juden*. Er sah den Fall aus der Perspektive der jüdischen Minderheit. »Ein Jude, der als Generalstabsoffizier eine Laufbahn der Ehre vor sich geebnet hat, kann ein solches Verbrechen nicht begehen. […] Die Juden haben infolge der langen bürgerlichen Ehrlosigkeit eine oft krankhafte Sucht nach Ehre, und ein jüdischer Offizier ist in dieser Beziehung ein potenzierter Jude.« Es erschien ihm eine »psychologische Unmöglichkeit«, daß ein aus reicher Familie stammender, assimilierter, stolzer Militär-Karrierist einen Geheimnisverrat begehen könnte. Viel wahrscheinlicher war, daß sich das Korps gerade diesen untadeligen, hochmütigen, unabhängigen Offizier ausgesucht hatte, um ein Exempel an ihm zu statuieren: Im November 1896, Herzl war inzwischen nach Wien zurückgekehrt, las er einen Artikel in der »Frankfurter Zeitung«, dem deutschen Tageblatt mit dem höchsten internationalen Ansehen, von dem Pariser Korrespondenten Paul Goldmann über den deportierten Dreyfus. Zitat: »Jawohl, es ist der Wahn, der alte Feind der Menschheit, der im hellen 19. Jahrhundert wieder einmal seinen finsteren Spuk getrieben und ein Menschenleben vernichtet hat.« Sofort schrieb er an den Kollegen in Paris: »Von jetzt ab gehört Ihr Name zu denen der vornehmsten Kämpfer für die Gerechtigkeit. Unter den schwersten Umständen, in einem fremden Lande, wo Sie als deutscher Jude doppelt verhaßt und verdächtigt sind, haben Sie eine sittliche Tat getan, die nicht vergessenen werden wird, so lange man vom Fall Dreyfus sprechen wird.«[35]

So lange man vom Fall Dreyfus sprechen wird … Das war lange, und es ging erbittert zu. Paul Goldmann mußte sich wegen des Artikels mit dem Abgeordneten Lucien Millevye von der nationalistischen Rechten duellieren.

In Paris herrschte eine geradezu hysterische Stimmung, sobald das Problem Dreyfus wieder auf die politische Tagesordnung kam. Und das geschah oft, denn es gab ein prominentes

Lager von Politikern, Journalisten, Schriftstellern, die zusammen mit der Familie des Deportierten Beweisstück für Beweisstück sammelten und auch veröffentlichten. Die »beiden Frankreichs« lagen im Widerstreit miteinander: das feudale, auf Standesrechten bestehende, klerikale und nationalistische Frankreich gegen das liberale, aufklärerische, republikanische. Alles das hätte dem Verbannten wahrscheinlich wenig geholfen, wenn sich nicht eines Tages Emile Zola mit all seinem Ansehen als Romancier und all seiner Sprachgewalt zu Wort gemeldet hätte.

Zunächst forderte er in drei Artikeln im »Figaro« die Wiederaufnahme des Verfahrens.

25. November 1897: »Wohlan, das müssen sich alle ehrenhaften Leute sagen, die in diese Affäre verwickelt sind: Sie werden nicht mehr leben können, wenn sie nicht für das Recht sorgen. [...] Die Wahrheit ist im Vormarsch, und nichts wird sie aufhalten!«

1. Dezember 1897: »Es gibt eine Wahrheit, die ich heute schon in ganz Frankreich verbreiten möchte: Man ist dabei, das gerechte, das edle Frankreich zu einem regelrechten Verbrechen zu verführen. Sollte das wirklich das wahre Frankreich sein, das man so täuschen und gegen einen armseligen Menschen aufbringen kann, der seit drei Jahren unter fürchterlichsten Umständen ein Verbrechen abbüßt, das er nie begangen hat?«

5. Dezember 1897: »Behandeln wir jetzt den Antisemitismus. Er trägt die Hauptschuld, und es ist diese barbarische Kampagne, die mein Bedürfnis nach Brüderlichkeit, mein leidenschaftliches Eintreten für Toleranz und Emanzipation der Menschen entfacht. [...] Ich will immer noch nicht glauben, daß eine solche Bewegung in Frankreich, dem Land der freien Gewissenserforschung, der brüderlichen Güte und der klaren Vernunft, jemals eine entscheidende Bedeutung sollte erlangen können.«[36]

Nach diesem dritten Artikel wurde der Druck auf den »Figaro« so groß, daß er sich nicht weiter zum Sprachrohr Zolas machen konnte. Der berühmte Autor aber ließ sich nicht mundtot machen, über seinen Verlag veröffentlichte er am 14. Dezember 1897 und am 7. Januar 1898 zwei Offene Briefe – »An die Jugend« und »An Frankreich« – in Form von Broschüren. Sie haben die gleiche Tendenz wie die Artikel im »Figaro«. Ihre Botschaft ist die gleiche. Aber die Sprache wird drängender, warnender – sie schwillt gleichsam an wie ein Signal.

»Es gibt also junge Leute, die Antisemiten sind? Es gibt junge Köpfe und unberührte Seelen, die dieses dumme Gift schon aus dem Gleichgewicht gebracht hat!

Junge Leute, die für die Entfaltung aller Rechte und aller Freiheiten geboren sind, die wir für das nächste Jahrhundert erträumt haben! Sie sind die ersehnten ›Werkzeuge einer blühenden Zeit‹, und doch gebärden sie sich schon als Antisemiten, sie werden das neue Jahrhundert beginnen, indem sie Juden massakrieren nur weil sie Mitbürger anderer Rasse und anderen Glaubens sind! Welch ein Auftakt für die ›Stadt unserer Träume, für den Staat der Gleichheit und der Brüderlichkeit!‹«[37]

So die Kernsätze aus dem »Offenen Brief an die Jugend«. Der »Brief an Frankreich« sieht »die Nation, die Heimat« am Scheideweg: entweder Wahrheit und Recht oder Abgleiten in eine neue Diktatur der »Säbelherrschaft«, die mit der Justiz umspringt, wie sie will, mit dem Parlament erst recht, von der Presse ganz zu schweigen. Außerdem eine Rückkehr in den »Pfaffenstaat«. »Man wagt es noch, die klerikale Reaktion zu leugnen. Aber sie macht sich doch überall bemerkbar, in der Politik, in den Künsten, in der Presse und auf der Straße! Heute verfolgt man die Juden, morgen kommen die Protestanten an die Reihe. [...] Von allen Seiten hört man, daß die Idee der Freiheit Bankrott gemacht habe!«[38]

Der Widerstand der »Zwei Frankreichs« war Anlaß für die Presse in ganz Europa, sich mit der Dreyfus-Affäre zu befassen. Welchen Weg würde die Republik gehen? fragte man sich in den Monarchien. Es war Emile Zola, der den Justizfall Dreyfus zur politischen und moralischen Sache Frankreichs machte.

Er sah mit den Augen des Mehrheitsangehörigen die Bedrohung durch nationalistische und rassistische Bewegungen. Deshalb ist es aufschlußreich, seine Texte denen Herzls gegenüberzustellen. Sie lesen sich wie ein Dialog zwischen dem Mehrheits- und dem Minderheitenbürger einer Gesellschaft, die in Gefahr ist, ihre Grundwerte aufzugeben.

Zola/Herzl – das sind zwei Perspektiven, aus denen ein und dieselbe Gefahr für die demokratischer werdenden Gesellschaften zu Beginn des 20. Jahrhunderts analysiert wird, am Modellfall Dreyfus, dem schrecklichen Exempel. Zola will nicht, daß in seinem Land Juden verfolgt werden. Herzl will nicht verfolgt werden.

Herzl/Zola – zwei Beobachter, zwei Journalisten, zwei Anwälte in ein und derselben Angelegenheit: der humanen, aufgeklärten Bürgerrechtsgesellschaft. Hier ihre Plädoyers:

Herzl schreibt
am 24. Dezember 1897 in der von ihm mittlerweile gegründeten Wiener Zeitschrift »Die Welt« unter dem Titel »Französische Zustände«: »Im Herz und Hirn mancher, und eben nicht der schlechtesten Menschen und nicht nur von Juden, hat sich der Gedanke festgenistet, daß dieser arme deportierte Jude auf der Teufelsinsel, dem sie die Kapitänsstreifen beim prunkhaften Leichenbegängnisse seiner Ehre von den Ärmeln gerissen haben, daß dieser arme Jude unschuldig sei. Der Gedanke ist durch Straßenlärm und Zeitungshetzereien nicht mehr zu verscheuchen. [...] Der Fall Dreyfus ist damit keineswegs erledigt, daß der arme Mensch auf jener fernen Fieberinsel allmählich zugrunde geht. Längst ist aus der bitterlichen Not dieses Einzelnen eine Frage von größerem Wurf geworden. Die Frage lautet: Für wen büßt er? Für wen? [...] stellen wir uns einen Augenblick auf den Standpunkt, er habe das ihm zugemutete Verbrechen wirklich begangen. So verrucht waren vor ihm auch andere. [...] Aber man hat nichts davon gehört, daß diese Missetäter mit solchem Kannibalengeheul zum Grabe ihrer Ehre geleitet worden wären. Auf ihn warf man sich mit

einer wollüstigen Wut. […] Am liebsten hätten sie ihn geteert und gefedert. […] Das war nicht mehr die Rache für einen Verrat militärischer Geheimnisse.

O, das war ein ganz anderer Zornesausbruch, viel verwandter mit den Exzessen eines Aufruhrpöbels. Und sie waren auch gleich fertig mit der allgemeinen Anklage. Nicht ›Nieder mit Dreyfus!‹ johlten sie, sondern ›Nieder mit den Juden!‹ Das war's vom ersten Augenblick an, und das ist es geblieben.«³⁹

Da ist sie wieder: die Todesdrohung, der Fluch, der Haß auf die Minderheit ...

Zola schreibt

am 13. Januar 1898 seinen dritten Offenen Brief, diesmal an den Präsidenten der Republik, Felix Faure. Nicht in einer selbstverlegten Broschüre, sondern in der Tageszeitung »L'Aurore« (Die Morgenröte), die an diesem Tag das Zehnfache ihrer Auflage verkauft, 300 000 Exemplare! Der »Brief« ist zwölf Seiten lang, auf dem Titelblatt mit dem Ausruf überschrieben: »J'accuse!« (»Ich klage an!«)

»Sehr geehrter Herr Präsident!

Sie haben die Herzen erobert, Sie sind der strahlende Stern des patriotischen Festes, das die Allianz Frankreichs mit Rußland besiegelt, und Sie schicken sich an, unsere Weltausstellung zu präsentieren, die unser großes Jahrhundert der Arbeit, der Wahrheit und der Freiheit in einem feierlichen Triumph krönen wird. Aber was für ein Fleck beschmutzt Ihren Namen – Ihre Regierungszeit, wollte ich sagen: die schreckliche Dreyfus-Affäre. […] Oh! Diese Affäre ist für jeden, der ihre wahren Einzelheiten kennt, ein Alptraum. […] Drei Jahre sind seit der Verurteilung von Dreyfus vergangen, viele Leute sind in ihrem Innersten beunruhigt, sie stellen Nachforschungen an und kommen schließlich zur Überzeugung, daß Dreyfus unschuldig ist. […] Es graut einen angesichts des schrecklichen Lichts, das die Dreyfus-Affäre auf den Generalstab geworfen hat, angesichts dieses Menschenopfers, das einen Unglücklichen trifft, einen ›schmutzigen Juden‹. Ach, was hat sich da an Irrsinn und Dummheit getummelt, verrückte Einbildungen, niedrige Polizeipraktiken, Methoden, die an Inquisition und Tyrannei grenzen, die Willkür einiger Tressenträger, die die Nation mit Stiefeln treten und ihr ihren Schrei nach Wahrheit und Gerechtigkeit unter dem verlogenen und lästerlichen Vorwand der Staatsraison im Hals ersticken. [...] Es ist ein Verbrechen, die öffentliche Meinung irrezuführen, diese Öffentlichkeit, die man bis zum hellen Wahnsinn verdreht hat, für ein Todeswerk zu mißbrauchen. Es ist ein Verbrechen, kleine und einfache Leute zu vergiften, die Leidenschaften des Rückschritts und der Intoleranz aufzustacheln und sich dabei hinter dem gehässigen Antisemitismus zu verbergen, an dem das liberale Frankreich der Menschenrechte zu Grunde gehen wird, wenn es nicht von ihm geheilt wird. [...] Das ist also die einfache Wahrheit, Herr Präsident, sie ist schrecklich und wird ein Fleck auf Ihrer Präsidentschaft bleiben. [...] Die Wahrheit ist im Vormarsch und nichts wird sie aufhalten. Die Affäre beginnt tatsächlich erst heute, denn erst heute sind die Positionen klar: auf der einen Seite die Schuldigen, die nicht wollen, daß Licht in die Angelegenheit komme; auf der anderen die Verteidiger des Rechts, die ihr Leben dafür einsetzen, daß dies geschehe.«

Dann folgen die Anklagen an den Kriegsminister, die Richter, den Ankläger, die Zeugen, die Ministerialbüros und einen Teil der Presse und das Eingeständnis, daß die Anklagen in voller Absicht gegen das Pressegesetz, das Verbot der üblen Nachrede, verstoßen. Schlußsatz: »Man möge mich vor ein Schwurgericht stellen, und die Untersuchung möge in aller Öffentlichkeit stattfinden! Ich warte!«

Er mußte nicht lange warten. Am 7. Februar begann der Prozeß gegen ihn vor dem Pariser Schwurgericht und endete am 23. Februar mit der Verurteilung zu einem Jahr Haft und 3000 Francs Geldstrafe. Die Strafe hat er nie abgebüßt – er ist für elf Monate nach England »ins Exil« gegangen.

Alfred Dreyfus mußte länger warten. Aber immerhin, die im Zola-Prozeß angesprochenen und vorgelegten Beweismittel für

Dreyfus ließen schließlich eine Wiederaufnahme des Verfahrens nicht mehr länger verhindern, selbst nicht im Frankreich dieser Zeit. Fünfzehn Monate später war es soweit.

Herzl schreibt
am 9. Juni 1899 wieder in der Wiener Zeitschrift »Die Welt« über die bevorstehende Revision:

»Frankreich ist seit hundert Jahren der Herd, auf dem für alle Menschen gekocht wird. Es kann nicht sein, daß diese fünf Jahre des Dreyfus-Handels ohne eine geschichtliche Lehre vorüberstreifen sollten.«

Diese Lehre sollte sein, »daß wir mehr noch als nach der Revision schlechter Urteile danach streben sollen, eine Revision der Vorurteile herbeizuführen. Solche Botschaft ist heute durch die Drähte hinausgezittert nach allen fernsten Punkten der bewohnten Erde. Und das war der Grund, warum sehr viele Menschen die Nachricht von der Revision der Dreyfus-Sache begrüßten, als wäre ihnen persönlich etwas Gutes widerfahren. Zu den Festen der Menschlichkeit sind alle Menschen eingeladen.«[40]

Ein Fest der Menschlichkeit! Am gleichen Tag verließ Alfred Dreyfus nach mehr als vier Jahren Straflager die Teufelsinsel an Bord des Kreuzers »Sfax«.

Im August/September fand in Rennes der zweite Prozeß gegen ihn statt. Aber siehe da, nach 25 Verhandlungstagen wurde er am 9. September 1899 von fünf der sieben Richter erneut schuldig gesprochen und »nur« zu zehn Jahren Festungshaft verurteilt, mildernder Umstände wegen. Zwei Richter votierten dagegen.

Drei bzw. sechs Tage später nehmen Zola und Herzl noch einmal zu der Sache Dreyfus öffentlich Stellung.

Zola schreibt
am 12. September in der Zeitung »L'Aurore«, unter dem Titel »Der fünfte Akt«:

»Ich bin entsetzt. Aber ich verspüre nicht mehr den Zorn

oder die rachsüchtige Verbitterung, nicht mehr das Bedürfnis, ein Verbrechen anzuprangern und im Namen der Wahrheit und Gerechtigkeit seine Bestrafung zu fordern; heute fühle ich das Entsetzen und den heiligen Schrecken eines Mannes, der sieht, daß das Unmögliche wahr wird, daß die Flüsse zu ihren Quellen zurückfließen, daß Erde und Sonne sich überschlagen.«[41]

Herzl schreibt
am 15. September in »Die Welt« unter seinem hebräischen Namen Benjamin Seff:

»Samstag, den neunten September 1899, in den Abendstunden, wurde eine merkwürdige Entdeckung gemacht, die auch wirklich nicht verfehlt hat, allgemeines Aufsehen in sämtlichen mit Telegraphendrähten versehenen Weltteilen hervorzurufen. Es wurde nämlich entdeckt, daß einem Juden die Gerechtigkeit verweigert werden kann, aus keinem anderen Grunde, als weil er ein Jude ist. Es wurde entdeckt, daß man einen Juden quälen kann, als ob er kein Mensch wäre. Es wurde entdeckt, daß man einen Juden zu infamer Strafe verurteilen kann, obwohl er unschuldig ist.«[42]

Zola:
»Wir haben da: eine Bande von Zeugen, die die Verhandlungen führt, sich allabendlich über den dunklen Hinterhalt für die nächsten Tag einigt, sich mit Hilfe von Lügen an Stelle der Staatsanwaltschaft zum Kläger aufspielt, die Gegenzeugen einschüchtert und beleidigt und mit ihren Offizierstressen und Federbüschen imponiert; einen Gerichtshofe, der unter dem Druck dieser Invasion der Vorgesetzten steht, dem es offensichtlich Unbehagen bereitet, diese in der Rolle der Kriminellen zu sehen. […]; eine groteske Staatsanwaltschaft, die an Albernheit alles bisher Dagewesen übertrifft und den Historikern von morgen eine Anklageschrift überläßt, deren stupide und verbrecherische Nichtigkeit sie in maßloses Staunen versetzen wird.«

Herzl:

»Es haben sich unter den sieben Kriegsrichtern fünf, ganze fünf beherzte gefunden, welche die französische Uniform von dem Fleck reinigten, daß der Jude sie trug. Fünf gegen zwei. Eine schöne, lehrreiche, denkwürdige Ziffer unserer heutigen Zivilisation.«

Zola:

»Gerade das aber erfüllt mich mit Entsetzen: eine Nation muß sich schon in einer schrecklichen Krisenlage befinden, damit ein solcher Prozeß überhaupt möglich ist und sie bereit ist, der zivilisierten Welt auf diese Art ihren moralischen und geistigen Zustand zu enthüllen.«

Herzl:

»Die Ungerechtigkeit, die an Dreyfus begangen wurde, ist so groß, daß man vergißt, einen Juden vor sich zu haben. Wer mehr aus der ›allgemeinen Entrüstung‹ herauslesen kann, ist ein großer Künstler. Und ist sie wirklich so allgemein, auch außerhalb Frankreichs? Fünf gegen zwei haben ihn dort verurteilt. Ist das Stimmenverhältnis dem Juden irgend anderswo günstiger? Wer ist so blind und verbohrt, so unvertraut mit dem Leben, so verrannt in alle Irrtümer, daß er glaubt, anderswo wäre das Verhältnis besser? Und jene Sieben, die man nun als von ihren Vorgesetzten beeinflußt darstellt, sie standen tatsächlich unter einer furchtbaren Kontrolle der öffentlichen Meinung; jede ihrer Mienen und Äußerungen wurde geprüft und gerichtet, bevor sie selber richteten. Sie mußten ihren Spruch auf Zeugen, wenn auch auf lügende, auf Beweise, wenn auch auf gefälschte, stützen. Diese Lügner, diese Fälschungen, waren noch ein Tribut, den sie der Öffentlichkeit entrichten mußten. Aber wie ist es bei den Sprüchen, Urteilen und Vorurteilen, die täglich überall, in der Stille über Juden gefällt werden? Wagt Jemand zu behaupten, daß von sieben Leuten zwei für Juden sind, ja auch nur einer? In Rennes lagen die Verhältnisse für den Angeklagten noch günstig, wenn man alles bedenkt.«

Zola:
»Wir haben ein moralisches Sedan erlitten, aber diese Niederlage ist hundertmal unheilvoller als jene andere Schlacht. Ich wiederhole es nochmals: Ich bin so entsetzt, weil mir dieser Untergang unserer Ehre nicht wieder gutzumachen erscheint.«[43]

Herzl:
»Dreyfus ist nur noch eine Abstraction. Er ist der Jude in der modernen Gesellschaft, der versucht hat, sich der Umgebung anzupassen, ihre Sprache redet, ihre Gedanken denkt, ihre Schnüre an seinen Rock näht – und dem die Schnüre mit Gewalt wieder abgerissen werden. Dreyfus bedeutete eine Position, um die gekämpft wird, und die – täuschen wir uns nicht! – verloren ist.«

Ende der Gegenüberstellung – Ende des abstrakten Dialogs. Zola will und wird weiterkämpfen, um das Fundament »seines« Frankreichs unter dem Schutt des Skandals wieder zu heben, zu retten. »Eines Tages werden weder der Sohn noch die Tochter des Unschuldigen, sondern die Kinder der Henker unter der allgemeinen Verachtung zu erröten haben.«

Herzl hat aufgegeben. Er sieht für sich und seinesgleichen keine Chancen auf ein gleichberechtigtes Leben mehr in der vom Dreyfus-Skandal geprägten Gesellschaft. Deshalb später sein Fazit: »Zum Zionisten hat mich nämlich – der Prozeß Dreyfus gemacht.«

Das Ende der Justizsache Dreyfus: Am 19. September 1899, genau zehn Tage nach der Urteilsverkündung, begnadigte Staatspräsident Emile Loubert den angeblichen Verräter. Der übliche, politische Roßtäuschertrick! Der Fall war aus der Welt – die Antisemiten, die rassistischen Nationalisten, die Reaktionäre konnten weitermachen, sich andere Opfer suchen. Die Wahrheit war ans Tageslicht gekommen, aber der Ansatz für eine Gesellschaft der Gerechtigkeit und Freiheit in Gleichberechtigung war – allen Anstrengungen prominenter Aufklärer zum Trotz – verloren.

»Sehr geehrter Herr!

Wann kann ich die Ehre haben, Sie zu besuchen? Ich möchte mich mit Ihnen über die Judenfrage unterhalten.
Es handelt sich um kein Interview und ebenso wenig um eine verkappte oder unverhüllte Geldsache.
Ich wünsche nur mit Ihnen ein judenpolitisches Gespräch zu führen, das vielleicht in eine Zeit hinauswirken wird, wo weder Sie noch ich da sein werden.«

Paris, den 24. Mai 1895
Brief an Baron Moritz Hirsch

Im Bann des mächtigen Traums
Paris, Wien, London 1895

Jede Station des Lebensweges von Herzl war mit besonderen Hoffnungen verknüpft. Auf jede Station hatte er sich besonders eingestellt, stets begierig gelernt, was *angesagt* war, hier wie dort. Doch jedesmal hatten sich die Hoffnungen irgendwann aufgelöst, als Illusionen oder Irrtümer herausgestellt.

Worauf sollte sich Herzl noch einstellen nach der demütigenden Degradierung Dreyfus' am 5. Januar 1895? Was war noch zu erhoffen in Frankreich – von den modernen, zivilisierten Gesellschaften Europas überhaupt?

Im »Palais Bourbon« wurde offen die Abschaffung aller Gesetze seit 1789 beantragt, durch die die Juden die Bürgerrechte erhalten hatten. Gut, die Mehrheit der Parlamentarier lachte darüber. Aber wie lange noch?

Im Wiener Gemeinderat waren die Rufe »Abzug Jud! Hinaus Jud!« schon an der Tagesordnung, wenn ein jüdischer Abgeordneter ans Rednerpult trat. Und bei den Gemeinderatswahlen Anfang April 1895 erhielten die Christlich-Sozialen so viele Stimmen, daß die »Neue Freie Presse« am nächsten Tag schrieb: »Noch ein kleiner Ruck – und Lueger ist der Herr des Gemeinderats und Wien die einzige Großstadt in der Welt, die das Brandmal der antisemitischen Verwaltung trägt.«

Was war zu erwarten, was war zu tun? Herzl wollte weg aus Paris, dem er so entgegengefiebert und das ihn schließlich so enttäuscht hatte. Er plante eine große soziologische Reportage über die »Zustände der Juden«, ein Werk, ähnlich der Beschreibung von Friedrich Engels über die Lage der arbeitenden Klasse in England.

Dafür wollte er nach Rußland, Galizien, Ungarn und Böhmen reisen – und auch in die neuen Siedlungen nach Palästina.

Diese Siedlungen gab es seit über einem Jahrzehnt. 1881 war Zar Alexander II. von einer Gruppe von Anarchisten, der auch Juden angehörten, durch ein Bomben-Attentat getötet worden. Diese Tat löste eine Pogrom-Welle in ganz Rußland aus, die wiederum eine Massenflucht russischer Juden nach sich zog. Fast eine Million wanderte aus, zwischen 20 000 und 30 000 Verfolgte kamen nach Palästina. Sie gründeten kleine landwirtschaftliche Kolonien, meist auf schlechten Böden, zu ungünstigen Bedingungen, stets auf Spenden jüdischer Gemeinden in Europa angewiesen. Ab 1882 finanzierte das Pariser Haus Rothschild einen Teil dieser Siedlungen, die um 1895 auf über ein Dutzend angestiegen waren, aber insgesamt nicht viel mehr als zehntausend Bewohner hatten. Viele Einwanderer hatten aufgegeben, waren desillusioniert nach Europa zurückgekehrt oder nach Amerika weitergegangen.

Trotzdem standen diese kleinen Ansiedlungen im »Gelobten Land« für eine neue Hoffnung. In Palästina war ein freies, selbstbestimmtes Leben für die pogromgeschundenen Juden möglich. Es war ein Experiment, vielleicht sogar ein Modell für die Zukunft.

Die »Zustände der Juden« waren – wie alles in Herzls Schaffen bisher – ein journalistisches oder schriftstellerisches Projekt. Wahrscheinlich hätte der Plan wieder zu einer seiner »Fluchten« aus der Wirklichkeit geführt. Aber in den 30 Wochen zwischen Anfang Januar und Ende Juli 1895 veränderte sich dieser Plan, wurde immer größer, umfassender, radikaler – ging über in ein utopisches Vorhaben, das mit allem brach, wofür Herzl bisher gestanden hatte.

Weg von der Beschreibung der »Zustände« richtete sich zunächst sein Augenmerk auf einen Mann, in dem er einen Partner für seine neuen Hoffnungen vermutete: Baron Moritz Hirsch, Freiherr von Gereuth, Eisenbahn-Magnat, Millionär und Mäzen. Hirsch war auf seine Weise der Erfinder eines jüdischen Massenauswanderungs- und Siedlungsprogramms. 1891 hatte er mit einem Kapital von zwei Millionen Pfund die »Jewish Colonization Association« gegründet, mit dem Ziel, im Laufe von 25 Jahren drei Millionen (!) Juden aus Rußland und Galizien eine neue Heimat zu schaffen. Aber eben nicht in Palästina, wo sich schon die Rothschilds engagierten, sondern in Argentinien. Dort hatte er riesige Ländereien angekauft und vier Kolonien gegründet. Aber das Projekt kam nur langsam voran. Gerade mal 3000 Auswanderer waren 1895 angekommen. Auch gab es große Schwierigkeiten unter den Neuankömmlingen. Herzl fand jedenfalls, daß Hirsch viel zuviel Geld für ein kärgliches Unternehmen ausgab – und er fand vor allem, daß *er* die Idee besäße, viel Besseres zu bewirken.

Nach der Idee mit den Massen-Duellen, der Idee mit den Massen-Taufen, hatte er nun die Idee, daß nur eine einheitliche politische Führung, angesiedelt in *einem* politischen Zentrum, den in alle Welt verstreuten Juden den Rückhalt zum Überleben geben könnte. Also, keine kleinen Kolonien mehr hier und da, sondern die Schaffung einer für alle Juden zentralen Heimstatt, von der eine gemeinsame Politik, eine neue Kultur für Juden ausgehen sollte, ob sie nun auswandern oder bleiben wollten.

Von dieser Idee wollte er Hirsch überzeugen – da lag die neue Chance, davon war er im Mai 1895 überzeugt. Man könnte vielleicht auch meinen, von dieser Idee war er *besessen*.

Zwei Wochen lang ließ er den Brief an Hirsch, in dem er um das Grundsatz-Gespräch bat, in der Schreibtisch-Schublade. Erst dann schickte er ihn ab – und bekam für Pfingstsonntag, den 2. Juni, einen Termin.

Was sich da abspielte im Stadtpalais in der Rue d'Elysée – und was der Verlauf und Ausgang dieses Gesprächs für Herzl bedeuteten –, läßt sich genau rekonstruieren. Denn unmittelbar nach der Unterredung begann er sein Tagebuch, das er bis kurz vor seinem Tod führen wird: eine minutiöse Selbstbeobachtung, die sich manchmal wie ein Roman liest, dann wie ein Traum deuten läßt, immer aber das Protokoll seiner Lebensumstände bleibt, alle inneren und äußeren Grenzüberschreitungen eingeschlossen.

Demnach muß das Gespräch mit Baron Hirsch eine Katastrophe gewesen sein.

Herzl hielt einen großen Monolog, ließ keinerlei Einwände des Mannes zu, auf den er doch die größten Hoffnungen setzte. Die argentinischen Kolonien erklärte er kurzerhand zum Fehlschlag – »Schnorrer, Exportjuden!« – und kam trotz 22 Seiten Notizen gar nicht dazu, seine Idee von der zentralen Heimstatt der Juden, sein anderes Auswanderungsmodell, zu beschreiben. Schließlich erklärte er dem verblüfften Baron, daß er sich sowieso an den Deutschen Kaiser zu wenden gedenke.

»Hirsch: An wen?

Herzl: Dem Deutschen Kaiser werde ich sagen: Lassen Sie uns ziehen! Wir sind Fremde; man läßt uns nicht im Volke aufgehen, wir können es auch nicht. Lassen Sie uns ziehen! Ich will Ihnen die Mittel und Wege angeben, deren ich mich für den Auszug bedienen will, damit keine wirtschaftliche Störung, keine Leere hinter uns einträte.

Hirsch: Woher nehmen Sie das Geld? Rotschild wird 500 Francs unterschreiben.

Herzl: Ich werde eine jüdische Nationalanleihe von 10 Millionen Mark aufbringen.

Hirsch: Phantasie. Die reichen Juden geben nichts her. Die Reichen sind schlecht, interessieren sich für die Leiden der Armen nicht.

Herzl: Sie reden wie ein Sozialist, Baron Hirsch!

Hirsch: Ich bin auch einer. Ich bin gleich bereit, alles herzugeben, wenn es die anderen auch tun müssen.«[44]

Und das wars dann. Herzl verabschiedete sich, nahm seine »am Vortag mürbe getragenen neuen Handschuhe, die nicht so ladenmäßig frisch aussehen sollten«, und ging.

Aber dann setzte er sich sofort an seinen Schreibtisch und schrieb alles das auf, was er eigentlich hatte sagen wollen.

»Ich arbeite seit einiger Zeit an einem Werk, das von unendlicher Größe ist. Ich weiß heute nicht, ob ich es ausführen werde. Es sieht aus wie ein mächtiger Traum. Aber seit Tagen und Wochen füllt es mich aus bis in die Bewußtlosigkeit hinein, begleitet mich überall hin, schwebt über meinen gewöhnlichen Gesprächen, blickt mir über die Schulter in die komisch kleine Journalistenarbeit, stört mich und berauscht mich.

Was daraus wird, ist jetzt noch nicht zu ahnen. Nur sagt mir meine Erfahrung, daß es merkwürdig ist, schon als Traum, und daß ich es aufschreiben soll – wenn nicht als ein Denkmal für die Menschen, so doch für mein eigenes späteres Ergötzen oder Sinnen. Und vielleicht zwischen diesen beiden Möglichkeiten: für die Literatur. Wird aus dem Roman keine Tat, so kann doch aus der Tat ein Roman werden.«[45]

Roman oder Traum oder Plan oder alles zusammen? In den Tagen nach Pfingsten schrieb er »im Gehen, in der Kammer, im Gasthaus, im Theater«. Tausende von Notizen. Sie handeln von
einem Berufsheer,
einem Börsenverbot,
einem gewählten Dogen und einem Kanzler,
der deutschen Sprache als Amtssprache,
einem Sieben-Stunden-Arbeitstag,
Kindergärten, Pflege von Arbeiterwaisen,
»Vergessenen Mädchen«, die staatliche Gouvernanten werden,
Chancengleichheit: jeder kann General, Minister, Gerichtspräsident, Akademiker, kurz, alles werden,
Toleranz: Andersgläubige werden achtungsvoll geduldet, ihr Eigentum, ihre Ehre und Freiheit mit den härtesten Zwangsmitteln geschützt ...
Alles zu verwirklichen an jenem fernen, zentralen Ort, der die neue Heimat der Juden werden soll, und zwar für diejenigen, die dorthin ziehen wollen, wie auch für die Zurückbleibenden. Eine Traumwelt? Eine Wahnvorstellung, aus Verzweiflung geboren? Wieder eine dieser Fluchten in den Rausch des tage- und nächtelangen Schreibens, in diese »selige Glut«, einem Fieberanfall gleich? Am 12. Juni 1895, genau zehn Tage nach dem Gespräch mit Hirsch, notierte er in seinem Tagebuch:
»Ich arbeite es aus?
Nein! Es arbeitet mich.

Es wäre eine Zwangsvorstellung, wenn es nicht von Anfang bis zu Ende so vernünftig wäre. Solche Zustände nannte man in einer früheren Ausdrucksweise: Inspiration.«[46]

Noch am selben Tag schuf er sich einen neuen Adressaten. Nicht mit Hirsch wollte er mehr verhandeln, nein, sein Plan »steht jetzt auf den Rothschilds«, und deswegen beschäftigte er sich besonders mit ihnen.

»Ich kenne nur einige vom Sehen. Nur von zweien weiß ich etwas.

Albert in Wien scheint ein fleißiger Bankier und ganz offener Kopf zu sein. Dabei Hofsnob. [...] Alphonse, den Pariser, sehe ich öfter auf der Gasse, sah ihn vor Gericht im Prozeß Burdeau-Drumont, wo er ein bescheidenes, zitterndes Aussehen hatte. Er duckt sich auf feine Manier. Ich sah ihn zuletzt beim Grand-Prix und hatte dabei ein eigentümliches Gefühl. Denn dieser dürftige, schlotterige Mann besitzt die Mittel, einen ungeheuren Strom von Glück über die Menschen zu bringen, wenn er meinem Plane folgt. Ich ging einige Zeit durch das Gedränge hinter ihm her und sah ihn an mit meinen Gedanken.«[47]

Seine Gedanken hat er am 13. Juni dann zusammengefaßt – unter der Überschrift »Rede an die Rothschilds«:

»Ich will mit Ihnen kein Geschäft machen, ich stehe nicht in Ihrem Dienst und werde nie in Ihrem Dienste stehen. Aber ich will mich in den Dienst aller Juden stellen. Jedermann, besonders jeder Jude, ist ja berechtigt, sich der bedrohten Sache der Juden anzunehmen. [...] Wer als unbefangener und einsamer Beobachter, wie ich, ein paar Jahre in diesem Lande gelebt hat, für den ist kein Zweifel mehr möglich. In Frankreich wird die soziale Revolution kommen, deren erste Opfer die Hochbank und die Juden sein müssen. In Rußland wird man einfach von oben herab konfiszieren. In Deutschland wird man Ausnahmegesetze machen, sobald der Kaiser mit dem Reichstag nicht mehr wirtschaften kann. In Österreich wird man sich vom Wiener Pöbel einschüchtern lassen und die Juden ausliefern. In Österreich kann nämlich die Gasse alles durchsetzen, wenn sie aufbegehrt. Nur weiß es die Gasse noch nicht. Die Führer werden es ihr schon beibringen. So wird man uns aus diesen Ländern verjagen und in den anderen, in die wir uns flüchten, erschlagen.

Gibt es denn keine Rettung?

Doch, meine Herren, es gibt eine, die schon einmal da war. Es gilt, eine sehr alte, sehr berühmte, sehr bewährte Sache zu wiederholen. Aber in anderen, modernen, feineren Formen. Alle Mittel der Gegenwart sind für diesen einfachen, leicht verständlichen Zweck zu verwenden.

Diese einfache alte Sache ist der Auszug aus Mizraim. [...]

Für die einzig mögliche endgültige und glückliche Lösung der Judenfrage ist eine Milliarde Francs erforderlich. Diese Milliarde wird in zwanzig Jahren drei Milliarden wert sein; ganz genau drei Milliarden, wie Sie später sehen werden.

Aber bevor ich Ihnen den Plan auseinandersetze, will ich Ihnen in zwei Sätzen das Grundprinzip sagen, auf dem er steht. So werden Sie alles leichter begreifen. –

1. Wir lösen die Judenfrage, indem wir das Vermögen der reichen Juden bergen, resp. liquidieren.

2. Wenn wir das nicht mit den reichen Juden machen können, so machen wir es gegen sie.

Das ist keine Drohung. Wir bitten ebensowenig wie wir drohen.«[48]

Wie könnten die Mienen der Rothschilds bei dieser Rede wohl ausgesehen haben? Besonders an dieser Stelle oder ein paar Absätze weiter, als Herzl dazu überging, ganz unumwunden zu drohen: »Das ist für Sie nicht so gleichgültig, wie es heute aussehen mag. Denn Ihr Vermögen wird auch nach unserem Abgang beängstigend weiterwachsen, und aller Haß, der sich bisher auf so unzählige Judenköpfe zerstreute, wird sich auf einigen wenigen – den Ihrigen – sammeln. Diese paar Köpfe werden besonders in Frankreich nicht so fest sitzen.«

Herzl – der Revolutionär! Nun ist diese Rede an den Familienrat der Rothschilds nie gehalten worden, nur festgehalten wurde sie in Herzls Tagebuch am 19. Juni 1895 – wie auch die erste Reaktion auf sie.

Die Erfindung des lenkbaren Luftballons

Einen guten Freund hatte Herzl in dieser Pariser Zeit, den Arzt und Journalisten Emil Schiff, den Korrespondenten des Wolffschen Telegraphenbüros, einer Art Agentur Reuters. Schiff übernahm aushilfsweise für Herzl die Berichterstattung für die »Neue Freie Presse« während der Entstehungstage des großen »Traums«. Schiff besuchte den Tag und Nacht Schreibenden, der allein im Hotel lebte. Die Eltern waren längst, Frau und Kinder vor kurzem nach Wien zurückgekehrt. Schiff half, so gut er konnte. Und Schiff prägte einen Symbolbegriff, als er am 16. Juni dem völlig übernächtigten, für seine Verhältnisse auffallend ungepflegten Herzl sagte, er sähe aus, als hätte er gerade den lenkbaren Luftballon erfunden. Herzl, der Erfinder des lenkbaren Luftballons! Welche eine Metapher für den Mann, der schon so viele Rollen angenommen hatte. Herzl, der Kinder-Präsident des Literaturzirkels »Wir«. Herzl, der Teenager-Jornalist. Herzl, der fechtende Burschenschaftler. Herzl, der Lustspielschreiber. Herzl, der glänzende Feuilletonist. Herzl, der berühmte Korrespondent. Herzl, der plötzlich selbsternannte Sprecher für die Sache der Juden, ihr Anwalt ohne Mandat. Herzl, der Visionär. Einer der sich in diesem Pariser Sommer daranmachte, den lenkbaren Luftballon zu erfinden, wie sein Freund spöttisch bemerkte. Am gleichen Tag notierte Herzl:

»Ich habe in diesen Tagen öfters befürchtet, irrsinnig zu werden. So jagten die Gedankenzüge erschütternd durch meine Seele.«[49] Stunden später las er im verschlossenen Hotelzimmer dem Freund die »Rede an die Rothschilds« von Anfang bis Ende vor – über 50 Seiten. Schiff, der Arzt, hielt den ganzen Text »für die Ausgeburt eines überreizten Gehirns, das dringend ärztlicher Behandlung bedürfte«. Das war nun kein Spott, sondern erschrockener Ernst.

Am nächsten Morgen holte Schiff Herzl zu einem langen Spaziergang ab und insistierte: er müsse dieses Vorhaben sofort aufgeben, bevor ihn jedermann für verrückt halte. Der Arzt Schiff wollte einfach nicht an die Erfindung des lenkbaren Luftballons glauben. Herzl war tief deprimiert, vollkommen verschreckt – zweifelte übrigens selbst an seiner Gesundheit, begann sich auch selbst zu beobachten. So schrieb er zum Beispiel über eine gemeinsame Rechnungsaufstellung, die Schiff und er durchführten: »Es war mir ein großer Trost, daß ich schneller und richtig addierte, während er lange brauchte und immer zu anderen Fehlern kam. So erschüttert hat er mich!«

Verrückt oder nicht verrückt: Am nächsten Tag schrieb er – nicht an die Rothschilds, sondern an seinen früheren Hoffnungsträger, den Baron Hirsch:

»Ich habe die Sache aufgegeben. Den Juden ist vorläufig nicht zu helfen. Wenn einer ihnen das Gelobte Land zeigte, würden sie ihn verhöhnen. Denn sie sind verkommen. Dennoch weiß ich, wo es liegt: in uns! In unserem Kapital, in unserer Arbeit und in der eigentümlichen Verbindung beider, die ich ersonnen habe. Aber wir müssen noch tiefer herunterkommen, noch mehr beschimpft, angespuckt, verhöhnt, geprügelt, geplündert und erschlagen werden, bis wir für diese Idee reif sind.«[50]

In diesem Moment gab er die Angelegenheit als reales Vorhaben auf – vielleicht ließe sie sich als Roman veröffentlichen –, und dieser Roman würde dann möglicherweise zur »Tat«, wenn er Abertausende mitreiße, überzeuge, ihnen gewissermaßen die wegweisende Wahrheit vor Augen führte. Aber dieses Ablassen vom »verrückten Plan« dauerte gerade mal ein paar Stunden. Dann fiel ihm – wie mitten im Gespräch mit Hirsch der deutsche Kaiser – nun Bismarck ein. An den wollte er sich wenden: »Der ist groß genug, mich zu verstehen oder zu heilen.« Den Brief an Bismarck schrieb er am 22. Juni, vier Tage nachdem er Schiff versprochen hatte, seinen Plan niemanden mehr vorzutragen. Deshalb enthielt der Brief wahrscheinlich auch einen sehr selbstironischen Anfang. Er bittet um eine Audienz in Sachen »Judenfrage«. »Und was habe ich zur Judenfrage vorzubringen? Es ist eigentlich recht schwer, das Wort auszusprechen. Denn, wenn ich es heraussage, muß die erste Regung jedes vernünftigen Menschen sein, mich ins

Beobachtungszimmer zu schicken – Abteilung der Erfinder von lenkbaren Luftballons.«[51]

Ob Bismarck das verstanden hat? Ob er das sich anschließende Plädoyer für eine zentrale Heimstatt für die Juden Europas begriffen hat? Ob er den Brief überhaupt je gelesen hat? Geantwortet hat er jedenfalls nicht.

Für Herzl war allerdings ausschlaggebend, daß er den Plan Bismarck schriftlich übermittelt hatte. Damit allein schon hatte er »das glückliche Gleichgewicht seiner Seele wiedererlangt. Nämlich: wenn ich Bismarck überzeuge. Überzeuge ich ihn nicht, oder läßt er mich gar nicht vor – so war's eben ein Roman. Oh, ein Unsterblicher!«[52]

Jetzt also: Herzl, der unsterbliche Romancier! Das war seine Schlußfolgerung im Juli 1895, als klar wurde, daß Bismarck nicht reagierte und Albert Rothschild, der Wiener Familienchef, den er ebenfalls in der Sache angeschrieben hatte, auch nicht. Sein großer Plan, der Traum, der Roman, das Märchen, die Tat – niemand wollte etwas damit zu tun haben. Er schrieb seine letzten großen Reportagen über das »Palais Bourbon«, rechnete gnadenlos mit den Schwächen des Parlamentarismus ab, den Wahlversprechen, den Politmasken, der nur auf den eigenen Vorteil bedachten Menge. Damit schloß er seine Pariser Korrespondententätigkeit ab. Er wollte weg. Er hatte die Herausgeber der »Neuen Freien Presse« um den Posten des Feuilletonchefs in Wien gebeten.

Am 27. Juli 1895 trug er ins Tagebuch ein: »Und heute verlasse ich Paris! Es endigt ein Buch meines Lebens. Es beginnt ein neues. Welches?«

Die Idee/Der Plan

Die zweite Jahreshälfte stand ganz im Zeichen des »mächtigen Traums«. Bahn, Kutsche, Bahn, Schiff, Kutsche, Bahn …, das war der Lebensrhythmus in diesen Monaten. Reisen, Reisen, Reisen – und Gespräche, Gespräche, Gespräche. Mit dem Oberrabbiner von Wien, dem Großrabbiner von Frankreich, dem Chefrabbi in London, den Bankiers Dessauer in Wien und Sir Samuel Montagu in London, dem Generalsekretär der Alliance Israélite Universelle, Narcisse Leven, den Herausgebern der »Neuen Freie Presse«, Bacher und Benedikt. Immer ging es in diesen Unterredungen um die eine Frage: »Unterstützen Sie meinen Plan zur Errichtung eines Judenstaates?«

Von den Rabbinern wollte er offizielle Billigung und Empfehlung, von den Bankiers Geld, von den Zeitungsleuten ein publizistisches Forum. Seine Chefs lehnten rundweg ab. »Wir galten als Judenblatt, haben das aber nie zugestanden. Jetzt sollen wir alle Deckungen aufgeben?«

Die Bankiers blieben unverbindlich freundlich.

Der Oberrabbiner von Wien, Moritz Güdemann, riet von offiziellen Vorträgen dringend ab, befürwortete aber eine Veröffentlichung »in Romanform«.

Da erreichte Herzl im Oktober 1895 ein Angebot des österreichischen Ministerpräsidenten Graf Badeni, Chefredakteur einer neuen Regierungszeitung zu werden. Herzl war begeistert. Er stellte sich vor, wie er dem Ministerpräsidenten seinen Plan vortragen würde und dann die eigene Zeitung ganz und gar in den Dienst der jüdischen Sache stellen könnte. Aber schon die ersten Verhandlungen mit den Hofräten machten ihm deutlich, wie realitätsfern seine Vorstellungen waren. Es kam gar nicht dazu, daß er dem Ministerpräsidenten den mittlerweile bekannten »judenpolitischen Vortrag« halten konnte. Aber er nutzte das Angebot der Regierung, um nochmals mit »seiner Zeitung« um eine Lösung zu ringen. Er machte den Herausgebern klar, daß ihm an einer journalistischen Karriere per se nicht mehr gelegen war, nur noch im Zusammenhang mit seiner Idee.

Die »Neue Freie Presse«, die ihren besten Mann halten wollte, bot einen Kompromiß an. Man würde ihn für einige Zeit beurlauben, damit er eine Studienkommission einberufen könnte, die den *Plan Judenstaat* zu überprüfen hätte. Anschließend würde die »Neue Freie Presse« über das Ergebnis ausführlich berichten – und sollte Herzl seine Idee in Form einer Denkschrift veröffentlichen, würde man kollegialiter eine ausführliche Rezension ins Blatt einrücken. Das war nicht viel, aber immerhin gab es ihm die Chance, im Herbst 1895 zu reisen und weitere Gespräche zu führen. Er fuhr wieder nach Paris und traf dort mit dem Korrespondenten der »Vossischen Zeitung«, Max Nordau, zusammen und fand in ihm auf Anhieb einen geradezu glühenden Unterstützer. Nordau, Sohn eines Rabbiners, ganz und gar orthodox erzogen, aber erklärter Atheist, war – wie Herzl – durch den Antisemitismus »wieder Jude geworden«. Der Arzt war ein gefeierter Bestseller-Autor. Seine Bücher »Die konventionellen Lügen der Kulturmenschheit« und »Entartung« hatten hohe Auflagen in vielen Sprachen. Nordau hatte Beziehungen überallhin – auch nach London. Und dorthin schickte er Herzl. Er meinte, die englischen Juden wären auf die Idee wahrscheinlich eher ansprechbar als die kontinentalen.

Mageres Dinner, aber guter Empfang

Und siehe da: Die Reise nach London brachte tatsächlich einigen Erfolg. Nordaus Netzwerk funktionierte perfekt. Herzl wurde vom Schriftsteller Israel Zangwill an den Chefredakteur des »Jewish Chronicle« empfohlen. Der berichtete über Herzl, Herzls Besuch in London und Herzls großen Plan. Dann gab es eine Einladung zu Chefrabbi Adler. Dieser meinte, Herzls Idee stamme von Daniel Deronda. Herzl überging den Namen Daniel Deronda und erwiderte, daß die Idee sowieso nicht neu sei. Neu sei nur das Verfahren, mit dem er sie umzusetzen gedenke. Der Bruder des Rabbiners, Rechtsanwalt Elkan Adler, hatte Palästina besucht und wollte dorthin »zurück«. Auch Sir Samuel Montagu, Bankier und Mitglied des Unterhauses, empfing Herzl. »Koschere Küche von drei livrierten Dienern serviert. Nach Tisch im Rauchzimmer meine Sache entwickelt. Ich habe ihn allmählich begeistert.« Und schließlich dann der Auftritt im »Maccabean Club«. Diese illustre jüdische Gesellschaft von Literaten, Künstlern, Juristen, Offizieren hörte Herzls

After Dinner Speech über den »königlichen Traum« und ernannte ihn daraufhin zum Ehrenmitglied. Nun war für ihn ganz klar: »Der Schwerpunkt der Aktion ist nach London verlegt.« Der Höhepunkt dieser Reise fand allerdings in Wales statt. Am 25. November trägt Herzl in sein Tagebuch ein:

»Beim Oberst Goldsmid.

Als ich ankam, erwartete mich auf dem Bahnhof der Oberst in Uniform. Mittelgroß, kleiner schwarzer Schnurrbart, anglisiertes Judengesicht mit guten klugen dunklen Augen.

Vor dem Bahnhof wartete ein kleiner Jagdwagen. Der Oberst hatte sein Pferd, auf dem er vor und hinter dem Wagen ritt. Wir sprachen ein paar Worte, während wir durch Cardiff nach seinem Haus ›The Elms‹ fuhren.

Er sagte mit vergnügtem Gesichtsausdruck: ›Wir werden arbeiten für die Befreiung von Israel.‹

Dann erzählte er mir, er sei Kommandierender in Cardiff und Umgebung, zeigte, erklärte mir die Stadt.

In The Elms wartete Mrs. Goldsmid, eine feine hagere Engländerin, und ihre beiden jungen Töchter Rahel und Carmel. Englisches Willkommenheißen, wobei man sich gleich wie ein alter Bekannter fühlt.

Nachmittags las ich dem Colonel den Plan vor. Er versteht nicht gut Deutsch, die Erklärung schleppte ein wenig.

Aber er sagte: ›That is the idea of my life.‹

Die Leitung der Sache kann er nicht übernehmen, weil sie eine politische ist, und er darf als Offizier keine aktive Politik machen.

Käme aber die Bewegung zustande, würde er die englischen Dienste verlassen und in jüdische treten. Nur möchte er statt Juden Israeliten sagen, weil Israel alle Stämme umfaßt.

Er zeigte mir die Fahne von Chovevei Zion: Zeichen der zwölf Stämme. Dagegen rollte ich meine weiße Fahne mit den sieben Sternen auf. Dennoch verstanden, verstehen wir uns. Er ist ein wunderbarer Mensch.

Nach dem Dinner, als die Damen und der andere eingeladene englische Oberst im Salon waren, ging ich mit Goldsmid ins Rauchzimmer. Und da kam die merkwürdige Erzählung.

›Ich bin Daniel Deronda‹, sagte er. ›Ich bin als Christ geboren. Vater und Mutter waren getaufte Juden. Als ich das als junger Mensch in Indien erfuhr, beschloß ich, zum Stamm der Väter zurückzukehren. Als Leutnant trat ich zum Judentum über. Meine Familie war darüber empört. Meine Frau war auch Christin von jüdischer Abkunft. Ich entführte sie, ließ mich zuerst in Schottland frei trauen; dann mußte sie zum Judentum übertreten, und wir vermählten uns in der Synagoge. Ich bin ein orthodoxer Jude. Es hat mir in England nicht geschadet. Meine Kinder Rahel und Carmel sind streng religiös erzogen, lernten früh Hebräisch.‹

Das und die Erzählungen von Südamerika klangen wie ein Roman. Weil er für Hirsch in Argentinien war und die Verhältnisse kennt, ist sein Rat zu hören: daß nur Palästina in Betracht kommen könne. [...] Ich stehe plötzlich in einer anderen Welt mit Goldsmid.«[53]

Oberst Goldsmid war also Daniel Deronda, und der große Plan war »die Idee seines Lebens«. Und das, obwohl Daniel Deronda eine Romanfigur von George Elliot ist, Sohn getaufter Juden, der zum Judentum zurückkehrt. Alles nur ein Vexierspiel? Auch wie die beiden ihre Fahnen vergleichen! Goldsmids Symbol der zwölf Stämme und Herzls weißes Tuch mit den sieben Sternen. Das hatte er jetzt offenbar stets mit dabei. Oberst Goldsmid jedenfalls existierte tatsächlich, samt seiner erstaunlichen Lebensgeschichte und dem Gefolgschaftsangebot. Was es nicht alles gab auf der britischen Insel! Da konnte der jüdische Kontinentaleuropäer nur staunen.

Zurück. Kutsche, Bahn, Schiff, Bahn, Kutsche, Bahn nach Wien. Noch unterwegs erarbeitete Herzl aus seinen Notizen und Briefen, den Rede-Entwürfen an Baron Hirsch und die Rothschilds, den Gesprächsfragmenten aus London, Einwänden und Hinweisen den Anfang seiner Staatsschrift. Ein außerordentlicher Versuch, das uralte Gebetsversprechen: »leschonoh ha'boh bi'jruscholajim! Nächstes Jahr in Jerusalem!« an der Wende zum 20. Jahrhundert Wirklichkeit werden zu lassen, wenigstens erst einmal in Gedanken.

»Niemand ist stark oder reich genug, um ein Volk von einem Wohnort nach einem anderen zu versetzen. Das vermag nur eine Idee. Die Staatsidee hat wohl eine solche Gewalt. Die Juden haben die ganze Nacht ihrer Geschichte hindurch nicht aufgehört, diesen königlichen Traum zu träumen: ›Übers Jahr in Jerusalem!‹ ist unser altes Wort. Nun handelt es sich darum zu zeigen, daß aus dem alten Traum ein taghellen Gedanke werden kann.«

Der Judenstaat, 1896

»Der Judenstaat«
Eine Denkschrift, die die Welt verändern sollte

Tagebucheintrag vom 14. Februar 1896:

»Abends kamen meine 500 Exemplare. Als ich den Ballen in mein Zimmer schleppen ließ, hatte ich eine heftige Erschütterung. Dieser Ballen Broschüren stellt sinnfällig die Entscheidung dar. Mein Leben nimmt jetzt vielleicht eine Wendung.«

Die »Broschüre« hat knapp siebzig Seiten und ist in über vierzig kleine Kapitel gegliedert. Sie ist ein Grundsatzpapier und zugleich ganz und gar praktische Handlungsanleitung. Und wenn man sich in die damalige Zeit versetzt, ist sie durch und durch utopisch. Vielleicht ist es deshalb so schwierig, heute ihren Extrakt darzustellen, denn sie ist eine Gedankenkette, in der jedes Detail mit Grundsätzlichem verbunden ist und Vergangenes in Gegenwart übergeht.

Herzl konnte nicht ahnen, wieviel sich realisieren würde von seinem »mächtigen« oder »königlichen« Traum. Wir Nachgeborenen wissen es und lesen deshalb jede Zeile doppelt. Die ersten Sätze klingen wie ein Trommelwirbel:

»Der Gedanke, den ich in dieser Schrift ausführe, ist ein uralter. Es ist die Herstellung des Judenstaates.

Die Welt widerhallt vom Geschrei gegen die Juden, und das weckt den eingeschlummerten Gedanken auf. [...] Die Juden, die wollen, werden ihren Staat haben und sie werden ihn verdienen.«

Die ersten vier Kapitel analysieren die Ausgangssituation für seinen »königlichen Traum«, den mächtigen Plan, die alles umstoßende Idee unter den Überschriften »Die Judenfrage«, »Bisherige Versuche der Lösung«, »Gründe des Antisemitismus«, »Wirkung des Antisemitismus« folgendermaßen:

»Die Notlage der Juden wird niemand leugnen. In allen Ländern, wo sie in merklicher Anzahl leben, werden sie mehr oder weniger verfolgt. Die Gleichberechtigung ist zu ihren Ungunsten fast überall tatsächlich aufgehoben, wenn sie im Gesetze auch existiert. Schon die mittelhohen Stellen im Heer, in öffentlichen und privaten Ämtern sind ihnen unzugänglich. Man versucht sie aus dem Geschäftsverkehr hinauszudrängen: ›Kauft nicht bei Juden!‹
Die Angriffe in Parlamenten, Versammlungen, Presse, auf Kirchenkanzeln, auf der Straße, auf Reisen – Ausschließung aus gewissen Hotels – und selbst an Unterhaltungsorten mehren sich von Tag zu Tag. Die Verfolgungen haben verschiedenen Charakter nach Ländern und Gesellschaftskreisen. In Rußland werden Judendörfer gebrandschatzt, in Rumänien erschlägt man ein paar Menschen, in Deutschland prügelt man sie gelegentlich durch, in Österreich terrorisieren die Antisemiten das ganze öffentliche Leben, in Algerien treten Wanderhetzprediger auf, in Paris knöpft sich die sogenannte bessere Gesellschaft zu, die Cercles schließen sich gegen Juden ab. [...]
Ich beabsichtige nicht, eine gerührte Stimmung für uns hervorzurufen. Das ist alles faul, vergeblich und unwürdig. Ich begnüge mich, die Juden zu fragen, ob es wahr ist, daß in den Ländern, wo wir in merklicher Anzahl wohnen, die Lage der jüdischen Advokaten, Ärzte, Techniker, Lehrer und Angestellten aller Art immer unerträglicher wird? Ob es wahr, daß unser ganzer jüdischer Mittelstand schwer bedroht ist? Ob es wahr, daß gegen unsere Reichen alle Leidenschaften des Pöbels gehetzt werden? Ob es wahr, daß unsere Armen viel härter leiden, als jedes andere Proletariat?
Ich glaube, der Druck ist überall vorhanden. In den wirtschaftlich obersten Schichten ist es eine schwere dumpfe Beklommenheit. In den unteren ist es die nackte Verzweiflung.
Tatsache ist, daß es überall auf dasselbe hinausgeht und es läßt sich im klassischen Berliner Rufe zusammenfassen: Juden raus!

Ich werde nun die Judenfrage in ihrer knappsten Form ausdrücken: Müssen wir schon ›raus‹? Und wohin?
Oder können wir noch bleiben? Und wie lange?«[54]

Mit dieser Gedankenkette war die erste Zündschnur gelegt. Die Beschreibung der »Zustände der Juden«. Die Darstellung ihrer Lebensbedingungen in Ost wie West, bei reich und arm machten klar, daß sich alle Assimilierungsanstrengungen als untauglich erwiesen hatten – und würdelos. Gut hundert Jahre nach der Französischen Revolution, die die Bürger- und Menschenrechte auch der Minderheiten postuliert hatte, war es im Grunde nur eine Frage der Zeit, ob Juden »schon« raus mußten oder »noch« bleiben konnten – und wenn, wie lange.

Der 35jährige Herzl, der die deutsche Sprache liebte, Bismarck verehrte und den Kaiser, der sich als Staatsform nichts Besseres vorstellen konnte als preußische Ordnung, war überzeugt, daß es für seinesgleichen keine Möglichkeiten des Bleibens mehr in Europa gab.

»Man wird uns nicht in Ruhe lassen. Nach kurzen Perioden der Duldsamkeit erwacht immer und immer die Feindseligkeit gegen uns. Unser Wohlergehen scheint etwas Aufreizendes zu enthalten. […] So sind wir denn, ob wir wollen oder nicht, eine historische Gruppe von erkennbarer Zusammengehörigkeit. Wir sind ein Volk – der Feind macht uns ohne unseren Willen dazu, wie das immer in der Geschichte war.«

Das war die zweite Zündschnur seiner Überlegungen. Sie führte zu der These, daß der Antisemitismus nur dann überwunden werden könnte, wenn die Juden den Nationalismus für sich entdeckten, sich als das Volk zu verstehen lernten, zu dem der Verfolgungsdruck die in so vielen verschiedenen Ländern Verstreuten machte. Die Nation als Menschengruppe, die durch Haß und Verfolgung zusammengehalten wird, sie benötigte zu ihrer Existenz diese Identität und zu ihrem Überleben ein Stück Land. Ganz simpel.

»Der ganze Plan ist in seiner Grundform unendlich einfach,

und muß es ja auch sein, wenn er von allen Menschen verstanden werden soll.

Man gebe uns die Souveränität eines für unsere gerechten Volksbedürfnisse genügenden Stückes der Erdoberfläche, alles andere werden wir selbst besorgen.«

Damit war der Sprengsatz hergestellt, der soziale, politische, kulturelle Explosionsstoff, der die Welt verändern sollte, bis auf den heutigen Tag. »Man gebe uns Land und Souveränität, alles andere werden wir selbst besorgen.« Forderung und Handlungsanleitung gehen in der Denkschrift ineinander über. Herzl arbeitete wie ein Techniker, der seinem Apparat die Gebrauchsanleitung beifügt. Und diese Gebrauchsanleitung leitet sich von den Kolonisationsmodellen der damaligen Zeit ab.

»Es werden für die im Prinzip einfache, in der Durchführung komplizierte Aufgabe zwei große Organe geschaffen: die Society of Jews und die Jewish Company.

Die Juden, welche sich zu unserer Staatsidee bekennen, sammeln sich um die Society of Jews. Diese erhält dadurch den Regierungen gegenüber die Autorität, im Namen der Juden sprechen und verhandeln zu dürfen. Die Society wird, um es in einer völkerrechtlichen Analogie zu sagen, als staatsbildende Macht anerkannt. Und damit wäre der Staat auch schon gebildet.

Zeigen sich nun die Mächte bereit, dem Judenvolke die Souveränität eines neutralen Landes zu gewähren, so wird die Society über das zu nehmende Land verhandeln. Zwei Gebiete kommen in Betracht: Palästina und Argentinien.

Was die Society of Jews wissenschaftlich und politisch vorbereitet hat, führt die Jewish Company praktisch aus.

Die Jewish Company besorgt die Liquidierung aller Vermögensinteressen der abziehenden Juden und organisiert im neuen Lande den wirtschaftlichen Verkehr.

Die Jewish Company ist zum Teil nach dem Vorbilde der großen Landnahmegesellschaften gedacht – eine jüdische Chartered Company, wenn man will. Nur steht ihr nicht die Ausübung von Hoheitsrechten zu, und sie hat nicht allein koloniale Aufgaben.

Die Jewish Company wird als eine Aktiengesellschaft gegründet, mit der englischen Rechtssubjektivität, nach den Gesetzen und unter dem Schutze Englands. Der Hauptsitz ist London. Wie groß das Aktienkapital zu sein habe, kann ich jetzt nicht sagen. Unsere zahlreichen Finanzkünstler werden das ausrechnen. Um aber nicht unbestimmte Ausdrücke zu gebrauchen, will ich eine Milliarde Mark annehmen. Es wird vielleicht mehr, vielleicht weniger sein müssen.

Den Abzug der Juden darf man sich nicht als einen plötzlichen vorstellen. Es wird ein allmählicher sein und Jahrzehnte dauern. Zuerst werden die Ärmsten gehen und das Land urbar machen. Sie werden nach einem von vornherein feststehenden Plane Straßen, Brücken, Bahnen bauen, Telegraphen errichten, Flüsse regulieren und sich selbst ihre Heimstätten schaffen. Ihre Arbeit bringt den Verkehr, der Verkehr die Märkte, die Märkte locken neue Ansiedler heran. Denn jeder kommt freiwillig, auf eigene Kosten und Gefahr. Die Arbeit, die wir in die Erde versenken, steigert den Wert des Landes.

Ist Palästina oder Argentinien vorzuziehen? Die Society wird nehmen, was man ihr gibt und wofür sich die öffentliche Meinung des Judenvolkes erklärt. Die Society wird beides feststellen.

Argentinien ist eines der natürlich reichsten Länder der Erde, von riesigem Flächeninhalt, mit einer schwachen Bevölkerung und gemäßigtem Klima. Bemerkenswerte Kolonisierungsversuche haben hier stattgefunden. Allerdings nach dem falschen Prinzip der allmählichen Infiltration von Juden. Die Infiltration muß immer schlecht enden. Denn es kommt regelmäßig der Augenblick, wo die Regierung auf Drängen der sich bedroht fühlenden Bevölkerung den weiteren Zufluß von Juden absperrt. Die Auswanderung hat folglich nur dann einen Sinn, wenn ihre Grundlage unsere gesicherte Souveränität ist.

Die Society of Jews wird mit den jetzigen Landeshoheiten verhandeln, und zwar unter dem Protektorat der europäischen Mächte, wenn diesen die Sache einleuchtet. Wir können der jetzigen Landeshoheit ungeheure Vorteile gewähren, einen Teil ihrer Staatsschulden übernehmen, Verkehrswege bauen, die ja auch wir selbst benötigen, und noch vieles andere. Doch schon durch das Entstehen des Judenstaates gewinnen die Nachbarländer, weil im großen wie im kleinen die Kultur eines Landstriches den Wert der Umgebung erhöht.

Palästina ist unsere unvergeßliche historische Heimat. Dieser Name allein wäre ein gewaltig ergreifender Sammelruf für unser Volk. Wenn Seine Majestät der Sultan uns Palästina gäbe, könnten wir uns dafür anheischig machen, die Finanzen der Türkei gänzlich zu regeln. Für Europa würden wir dort ein Stück des Walles gegen Asien bilden, wir würden den Vorpostendienst der Kultur gegen die Barbarei besorgen.

Wir würden als neutraler Staat im Zusammenhange bleiben mit dem ganzen Europa, das unsere Existenz garantieren müßte. Für die heiligen Stätten der Christenheit ließe sich eine völkerrechtliche Form der Exterritorialisierung finden. Wir würden die Ehrenwache um die heiligen Stätten bilden, und mit unserer Existenz für die Erfüllung dieser Pflicht haften. Diese Ehrenwache wäre das große Symbol für die Lösung der Judenfrage nach achtzehn für uns qualvollen Jahrhunderten.«[55]

Hatte Theodor Herzl recht oder unrecht?

Seltsame Frage. Wer könnte sie stellen oder gestellt haben? Und wann? 1998, gut hundert Jahre nach Herzls Denkschrift, veröffentlichte der Friedensnobelpreisträger Shimon Peres, der im Staat Israel so gut wie alle Spitzenämter innehatte, die ein Mensch in einem Leben übernehmen kann – Verteidigungsminister, Finanzminister, Außenminister, Premierminister –, ein sehr persönliches Buch. Es ist eine Reise durch sein Land, eine imaginäre allerdings. Und an ihrem Anfang steht eine außergewöhnliche Anekdote.

1974, Shimon Peres war Verteidigungsminister, besuchte er seinen amerikanischen Amtskollegen James Schlesinger. Also, Washington, Pentagon, der übliche Meinungsaustausch unter

Ministern. »Er würde mir zuhören, ich würde ihm zuhören, wir würden über unsere gegenseitigen Standpunkte diskutieren und uns über die Zusammenarbeit unserer beiden Länder verständigen. Nichts deutete darauf hin, daß unser Gespräch die Pfade der Routine verlassen würde, die die internationalen Beziehungen so häufig kennzeichnen. Groß war daher meine Überraschung, als mein Gesprächpartner im Pentagon, kaum hatte ich sein Amtszimmer betreten, seine Berater verabschiedete und ohne Einleitung zu mir sagte: ›Ich möchte über eine Frage mit Ihnen sprechen, die mich sehr beschäftigt.‹ Fassungslos fragte ich mich, worauf er hinauswollte. So sehr ich auch in den hintersten Winkeln meines Gedächtnisses nach den strittigen Punkten suchte, die zwischen unserer und der amerikanischen Regierung noch immer bestanden, ich fand nichts, was einen so ernsten und feierlichen Charakter unseres Gesprächs gerechtfertigt hätte. Ich stellte mir bereits den Text der höchstgeheimen Mitteilung vor, die ich nach dem Gespräch an den Premierminister schicken mußte, und hätte mich am liebsten in ein Mauseloch verkrochen. Ich war auf alles gefaßt, nur nicht auf die Frage, die mein amerikanischer Kollege mir unvermittelt stellte: ›Mein lieber Shimon, antworten Sie mir ganz offen, hatte Theodor Herzl recht oder unrecht, als er einen jüdischen Staat gründen wollte?‹«[56]

Und der israelische Verteidigungsminister, 1923 in Wischnewa in Weißrußland als Sohn einer durch und durch zionistischen Familie geboren, für die Herzl eine Art Fürst im Exil oder König ohne Krone war, der seinem Volk den Weg gewiesen hatte, Shimon Peres also, 1934 als Kind nach Palästina eingewandert, wo Herzl für ihn zum Symbol wurde, allgegenwärtig der Name und sein Porträt, antwortete wie?

»Ich war völlig überrumpelt, stammelte ein paar konformistische Sätze, sehr zur Enttäuschung von Schlesinger.«

Hatte Theodor Herzl recht oder unrecht, als er einen jüdischen Staat gründen wollte?

Diese 1974 an ihn gestellte und von ihm im Grunde unbeantwortete Frage ließ Shimon Peres mehr als zwei Jahrzehnte nicht mehr los. Sie verfolgte ihn, während er Vorsitzender der Arbeitspartei wurde, als er Premierminister war und die israelischen Truppen 1985 aus dem Libanon abzog, in den Gesprächen mit der PLO, beim Aushandeln des Friedensvertrags von Oslo, 1993 im Moment der Verleihung des Friedensnobelpreises zusammen mit Arafat, als die Aussöhnung so nah war ...

Hatte Theodor Herzl recht oder unrecht, als er einen jüdischen Staat gründen wollte?

Mit der Gewalt eines Blitzes stellte sich ihm die Frage dann wieder 1995, an jenem schrecklichen Novembertag, als Premierminister Rabin dem Attentat eines Fanatikers, dem der mögliche Frieden zwischen Juden und Palästinensern verhaßt war, zum Opfer fiel.

»... recht oder unrecht?« Recht oder Unrecht?

Shimon Peres, der Nachfolger des ermordeten Rabin, wieviel Handlungsspielraum blieb ihm? Militärisch ging er gegen den Terror der Hizbollah vor, versuchte aber weiter auf Friedensgespräche zu setzen. Bis diese Politik im Mai 1996 keine Mehrheit mehr im Land fand. Oppositionsführer Netanjahu gewann die Wahlen und brach mit der bisherigen Strategie, die mehr als nur Strategie gewesen war.

»... recht oder unrecht?« Recht oder Unrecht? Richtig oder falsch?

Shimon Peres, der Unterlegene, machte sich auf eine geistige Reise zu den Anfängen seines Landes. Er sah von seinem Oppositionssitz in der Knesset auf das überdimensionale Herzl-Porträt und fragte sich: »Was ist vom zionistischen Ideal übriggeblieben?« »Zurück nach Israel«, nannte er das Buch, das er 1997/98 schrieb, eine imaginäre Reise mit Herzl durch das »Land der Väter«, eine Erkundung der Wirklichkeit des »Judenstaates« gut hundert Jahre nach seinem theoretischen Entwurf. Motto: »Heute wie gestern und morgen sind Traum und Fiktion die wichtigsten Bestandteile, die geheime Triebfeder unseres Lebens. Israel ist gewiß der einzige Ort der Welt, wo die Gegenwart sowohl in der Zukunft als auch in der Vergangenheit konjugiert wird und wo die Wirklichkeit nur in ihrer abgeschwächtesten Form, dem Imaginären verstehbar wird.«[57]

Diese erdachte Reise von Herzl und Peres werden wir in Teilen später mitmachen. Jetzt geht es noch um die Grundzüge des Plans, der Idee, des Traums, die Vision aus dem Jahr 1895. Modern sollte der »Judenstaat« nach der Vorstellung seines Erfinders sein, ganz und gar fortschrittlich. Alles, was altmodisch und armselig in Europa war, sollte »drüben« neu und effizient sein. Die technischen Errungenschaften machten die neue Gesellschaft überhaupt erst möglich. Herzl war, wie Lenin, der Überzeugung, daß vor allem die Elektrizität den Fortschritt, ja sogar die Menschen der Zukunft schafft. Also, Elektrifizierung, Eisenbahnlinien, Brücken, Straßenbau, Bewässerungstechnik, Siebenstundentag, großzügige Wohnsiedlungen, reich ausgestattete Schulen, Bibliotheken, Theater, Kaffeehäuser ..., so sah sein »Gelobtes Land« aus. Das Ganze lese sich »wie der Prospekt einer jüdischen Schweiz auf Aktien«, spottete der Literaturhistoriker Anton Bettelheim. Nicht so modern waren dagegen Herzls Vorstellungen von der politischen Gestalt dieses Staates. Dazu Auszüge aus dem Kapitel »Verfassung«:

»Eine der von der Society einzusetzenden großen Kommissionen wird der Rat der Staatsjuristen sein. Diese müssen eine möglichst gute, moderne Verfassung zustande bringen. Ich glaube, eine gute Verfassung soll von mäßiger Elastizität sein. [...] Ich halte die demokratische Monarchie und die aristokratische Republik für die feinsten Formen des Staates. Staatsform und Regierungsprinzip müssen in einem ausgleichenden Gegensatz zueinander stehen. Ich bin ein überzeugter Freund monarchistischer Einrichtungen, weil sie eine beständige Politik ermöglichen. [...] Unsere Geschichte ist jedoch so lange unterbrochen gewesen, daß wir an diese Einrichtung nicht mehr anknüpfen können. Der bloße Versuch unterläge dem Fluche der Lächerlichkeit.

Die Demokratie ohne das nützliche Gegengewicht eines Monarchen ist maßlos in der Anerkennung und in der Verurteilung, führt zu Parlamentsgeschwätz und zur häßlichen

Kategorie der Berufspolitiker. Auch sind die jetzigen Völker nicht geeignet für die unbeschränkte Demokratie, und ich glaube, sie werden zukünftig immer weniger dazu geeignet sein.

Die reine Demokratie setzt nämlich sehr einfache Sitten voraus und unsere Sitten werden mit dem Verkehr und mit der Kultur immer komplizierter. [...] Auch sind die Massen, noch ärger als die Parlamente jedem Irrglauben unterworfen, jedem kräftigen Schreier zugeneigt. Vor versammeltem Volke kann man weder äußere noch innere Politik machen.

Politik muß von oben herab gemacht werden. Im Judenstaate soll darum doch niemand geknechtet werden, denn jeder Jude kann aufsteigen, jeder wird aufsteigen wollen. So muß ein gewaltiger Zug nach oben in unser Volk kommen. Jeder Einzelne wird nur glauben, sich selbst zu heben, und dabei wird die Gesamtheit gehoben. Das Aufsteigen ist in sittliche, dem Staate nützliche, der Volksidee dienende Formen zu binden.

Darum denke ich mir eine aristokratische Republik. Das entspricht auch dem ehrgeizigen Sinne unseres Volkes, der jetzt zu alberner Eitelkeit entartet ist. Manche Einrichtung Venedigs schwebt mir vor; aber alles, woran Venedig zugrunde ging, ist zu vermeiden. Wir werden aus den geschichtlichen Fehlern anderer lernen, wie aus unseren eigenen. Denn wir sind ein modernes Volk und wollen das modernste werden. Unser Volk, dem die Society das neue Land bringt, wird auch die Verfassung, die ihm die Society gibt, dankbar annehmen. Wo sich aber Widerstände zeigen, wird die Society sie brechen. Sie kann sich im Werke durch beschränkte oder böswillige Individuen nicht stören lassen.«[58]

Die aristokratische Republik mit venezianischen Zügen, in der jedermann aufsteigen kann, aber gleichzeitig jeglicher Widerstand knallhart gebrochen wird – dieses Szenario ist ganz aus der Zeit des ausgehenden 19. Jahrhunderts entwickelt. Dabei wird der Staat »als ein neutraler gedacht«, der deshalb auch nur ein Berufsheer braucht – »allerdings ein mit sämtlichen modernen Kriegsmitteln ausgerüstetes« – zur Aufrechterhaltung der Ordnung nach außen wie nach innen. Die Amtssprache? Keinesfalls Hebräisch, denn: »wer von uns weiß genug hebräisch, um in dieser Sprache ein Bahnbillet zu verlangen?« Die Lösung heißt Sprachenföderalismus. »Jeder behält seine Sprache, welche die liebe Heimat seiner Gedanken ist.« Schließlich wird sich »die dem allgemeinen Verkehre am meisten nützende Sprache zwanglos als Hauptsprache durchsetzen«.[59]

Die Schweiz, nicht nur die »Schweiz auf Aktien«, war in vielen Details Vorbild in diesem Entwurf eines neuen Staates. Unter den vielen praktischen Kapiteln fallen zwei grundsätzliche auf. In ihnen geht es um die Landnahme und um die Religion.

»Theokratie: Werden wir also am Ende eine Theokratie haben? Nein! Der Glaube hält uns zusammen, die Wissenschaft macht uns frei. Wir werden daher theokratische Wünsche unserer Geistlichen gar nicht aufkommen lassen. Wir werden sie in ihren Tempeln festzuhalten wissen, wie wir unser Berufsheer in den Kasernen festhalten werden. Heer und Klerus sollen so hoch geehrt werden, wie es ihre schönen Funktionen erfordern und verdienen. In den Staat, der sie auszeichnet, haben sie nichts dreinzureden, denn sie würden äußere und innere Schwierigkeiten heraufbeschwören.

Jeder ist in seinem Bekenntnis oder in seinem Unglauben so frei und unbeschränkt, wie in seiner Nationalität. Und fügt es sich, daß auch Andersgläubige, Andersnationale unter uns wohnen, so werden wir ihnen einen ehrenvollen Schutz und die Rechtsgleichheit gewähren. Wir haben die Toleranz in Europa gelernt.«[60]

Die Toleranz in Europa gelernt … Er meinte das nicht einmal spöttisch. Hier ist das Fundament des neuen Staates festgeschrieben: »Jeder ist in seinem Bekenntnis oder in seinem Unglauben so frei und unbeschränkt, wie in seiner Nationalität.« Wie eine Verfassungs-Präambel liest sich dieser Satz, der alle Freiheit und alle Würde dem einzelnen verheißt. Liberal und laizistisch soll die Gesellschaft sein. Kein Staat im Staate wird erlaubt: weder für das Militär noch für den Klerus. Alle Erfahrungen mit den »französischen Verhältnissen« in Sachen

Dreyfus kommen in diesem Versprechen zusammen. Diese Achtung individuellen Lebens wird sein, was das »Gelobte Land« im Innersten zusammenhält.

Und was definiert die äußeren Verhältnisse?

»Die Landergreifung:

Sobald uns das Land gesichert ist, fährt das Landnahmeschiff hinüber. Auf dem Schiff befinden sich die Vertreter der Society, der Company und der Ortsgruppen.

Diese Landnehmer haben drei Aufgaben: 1. die genaue wissenschaftliche Erforschung aller natürlichen Eigenschaften des Landes, 2. die Einrichtung einer straff zentralisierten Verwaltung, 3. die Landverteilung. [...] In Amerika okkupiert man bei Erschließung eines neuen Territoriums noch auf eine recht naive Art. Die Landnehmer versammeln sich an der Grenze und stürzen zur bestimmten Stunde gleichzeitig und gewaltsam darauf los.

So wird es im neuen Judenlande nicht zu machen sein. Die Plätze der Provinzen und Städte werden versteigert. Nicht etwa für Geld, sondern für Leistungen. Es ist nach dem allgemeinen Plane festgestellt worden, welche Straßen, Brücken, Wasserregulierungen u.s.w. nötig sind für den Verkehr. Das wird nach Provinzen zusammengelegt. Innerhalb der Provinzen werden in ähnlicher Weise die Stadtplätze versteigert. Die Ortsgruppen übernehmen die Verpflichtung, das ordentlich auszuführen. Sie bestreiten die Kosten aus autonomen Umlagen. Die Society wird ja in der Lage sein vorauszuwissen, ob sich die Ortsgruppen keiner zu großen Opfer vermessen. Die großen Gemeinwesen erhalten große Schauplätze für ihre Tätigkeit. Größere Opfer werden durch gewisse Zuwendung belohnt: Universitäten, Fach-, Hochschulen, Versuchsanstalten etc. und jene Staatsinstitute, die nicht in der Hauptstadt sein müssen, werden über das Land zerstreut. [...] Von vornherein wird alles auf eine planvolle Art festgestellt sein. [...] Alle sozialwissenschaftlichen und technischen Errungenschaften der Zeit, in der wir leben, und der immer höheren Zeit, in welche die langwierige Ausführung des Planes fallen wird, sind für den Zweck zu verwenden. Alle glücklichen Erfindungen, die schon da sind und die noch kommen werden, sind zu benützen. So kann es eine in der Geschichte beispiellose Form der Landnahme und Staatsgründung werden, mit bisher nicht dagewesenen Chancen des Gelingens.«[61]

Die Fiktion vom leeren Land

So genau, ökonomisch, technisch, wissenschaftlich diese *Landnahme* beschrieben ist, sie findet in einem menschenleeren Territorium statt. Über die Menschen, denen das Land zu fairen Preisen abgekauft werden soll, ist in der Staatsschrift wenig zu lesen. Es gibt die eine grundsätzliche Erklärung: »Und fügt es sich, daß auch Andersgläubige, Andersnationale unter uns wohnen, so werden wir ihnen einen ehrenvollen Schutz und die Rechtsgleichheit gewähren.« Aber das klingt, als wären da nur einige wenige gemeint, jedenfalls keine Massen. Und anrainende Völker, Nachbarn tauchen nicht auf. Das »Gelobte Land« liegt in einer menschenleeren Zone. Es ist eine Wüste, die bewässert, ein Sumpfgebiet, das trockengelegt, eine Wildnis, die urbar gemacht wird und damit die gesamte Region kultiviert und zivilisiert. Es bedarf nur erfolgreicher diplomatischer Verhandlungen mit Kaiser, Zar, Präsidenten und dem Sultan um die Freigabe des Landes, welches dann teuer bezahlt und modern bewirtschaftet und straff besiedelt werden wird.

Das war sein Plan. Und dieser Plan konnte es nur den einen recht, den anderen schlecht machen. Gott sei Dank, man mußte »drüben« nicht hebräisch sprechen, was man ja längst nicht mehr beherrschte, sagten die einen. Und die anderen waren entsetzt: Hebräisch nicht Amtssprache in Palästina?! Ein Vergehen gegen die Tradition! Gott sei Dank, es sollte kein Staat der Rabbiner sein, kommentierten die Emanzipierten. Aber die Gläubigen hielten dagegen: das ist Blasphemie!

Einen ständigen »Eiertanz« müßte er aufführen, hat Herzl einmal bemerkt, »zwischen allen unsichtbaren Eiern:

1. Ei der Orthodoxen
2. Ei der Modernen
3. Ei des österreichischen Patriotismus
4. Ei der Türken, des Sultans
5. Ei der russischen Regierung, gegen die nichts Unliebsames gesagt werden darf, obwohl man die deplorable Lage der russischen Juden doch erwähnen muß
6. Ei der christlichen Religionen wegen der heiligen Stätten.
Hierzu kommen noch ein paar andere Tanzeier:
Ei Edmund Rothschild
Ei der Kolonisten, denen man Rothschilds Hilfe nicht verderben darf.
Ei Chovevi Zion in Rußland.
Dann die Eier der persönlichen Differenzen.
Ei des Neides, der Eifersucht.«[62]
Eifersüchtig und neidisch waren in der Tat einige, und sie hatten auch guten Grund, hatten sie doch ähnliche Pläne, wie Herzl, schon früher erdacht, geschrieben, veröffentlicht. Moses Hess hatte zum Beispiel schon 1862 in seinem Buch »Rom und Jerusalem« die Wiedergeburt des jüdischen Volkes mit der »Konzentration in seinem Heimatlande« propagiert. Ähnlich wie Herzl sah er in den Juden eine Nation als Schicksalsgemeinschaft. Dann war da der Arzt Leon Pinsker aus Odessa, der zehn Jahre früher die Denkschrift »Autoemanzipation« veröffentlicht hatte. Ebenfalls eine Aufforderung, zur nationaljüdischen Identität zurückzufinden. Und schließlich warb auch Nathan Birnbaum seit langem für eine Renaissance jüdischen Nationallebens und hatte als erster für dieses Streben den Begriff »Zionismus« geprägt.

Hess, Pinsker, Birnbaum – Warum waren sie bei Herzl nicht erwähnt und gewürdigt? Schlicht und ergreifend, weil er ihre Schriften vor der Abfassung seiner Staatsschrift wohl nicht kannte. So wenig wußte er, der ziemlich ungläubige, assimilierte Jude, eben von seinesgleichen. Er hatte aus sich heraus alles noch einmal erdacht und niedergeschrieben in einer Art »Ritt über den Bodensee« – und zurückblickend erst, von der

1 Theodor Herzl 1878
   Bildarchiv Preußischer Kulturbesitz

2 Theodor Herzl 1896
   Bildarchiv Preußischer Kulturbesitz

3 Theodor Herzl 1896
   Bildarchiv Preußischer Kulturbesitz

4   Theodor Herzl auf den Tümmern des Tempels in Jerusalem.
    Karikatur aus der Damenspende des »Concordia«-Balls in Wien,
    1897
    Imagno/Austrian Archives

5   Theodor Herzl bei seiner Rede auf dem Zweiten Zionisten-
    kongreß in Basel. Zeichnung von M. Okin, 1898
    Imagno/Austrian Archives

6   Theodor Herzl in Palästina. Fotografie von David Wolffsohn, Anfang November 1898
    Imagno/Austrian Archives

7 Kaiser Wilhelm II. und Theodor Herzl in Mikweh Israel.
Fotomontage nach der mißglückten Aufnahme D. Wolffsohns,
28. Oktober 1898
Imagno/Austrian Archives

8   Theodor Herzl vor der Baseler Synagoge. Sechster Zionisten-
    kongreß 1903
    Imagno/Austrian Archives

»anderen Seite des Ufers« gewissermaßen, alles das bemerkt, was hinter ihm lag. Vorwürfe machte er sich deswegen übrigens nicht. Er fand es einerseits zwar schade, daß er die Vorgeschichten nicht kannte, andererseits aber sogar gut, denn vielleicht hätte er dann seinen »mächtigen Traum« gar nicht niedergeschrieben. Und im Frühjahr 1896 war es zu spät, darüber viel Gedanken zu verlieren, denn nun standen sein Plan, seine Idee schließlich zur Diskussion. Voilà!

»Ich sah und hörte zu, wie meine Legende entstand.«

Tagebuch, 14. Juli 1896

Als Wanderprediger unterwegs
Wien, Konstantinopel, London, Paris 1896

Die Broschüre wurde schnell Stadtgespräch in Wien, und sofort setzte eine Kakophonie von spöttischen Urteilen ein: »Jetzt haben wir einen jüdischen Jules Verne!« »Fürst ›Großherzl‹.« »Der Makkabäer der Flucht.« »Meschugge.« »Der Pseudomessias ist da!« »Hinweg mit solchen Schimären!«

Das waren die Stichwörter vor allem der journalistischen Zunft, der Literaten und der gebildeten, bürgerlichen Juden. Wenn der »Judenstaat« ein Theaterstück gewesen wäre, hätte man von einem Total-Verriß sprechen können. Aber nun war der »Judenstaat« kein Theaterstück und keine »Wiener Chose« allein, und deshalb gab es auch ganz entgegengesetzte Reaktionen: von den Jungen und Armen, den Studenten und den entlegenen Gemeinden Bulgariens, Rußlands, Polens und von ganz unterschiedlichen Einzelpersonen ...

»Der alte Heit, ein Wirkwarenhändler und Hausbesitzer vom Franz-Josefsquai, war da, lud mich zu einem Vortrag in der bisher antizionistischen ›Union‹ ein. Er selbst hätte es eine halbe Stunde, bevor er meine Broschüre gelesen, für ganz unmöglich gehalten, daß er jemals auf etwas Derartiges eingehen könne. Er sei aber vollständig bekehrt und wäre bereit, seine Liegenschaften selbst mit Verlust zu verkaufen und hinüberzugehen.«

Der alte Hausbesitzer und die Studenten lasen Herzls Text anders als die hämischen Kritiker. Erlebten sie doch gerade, daß die Wiener Burschenschaften in aller Offenheit beschließen konnten, Juden auf keine Waffe mehr Satisfaktion zu geben; lasen sie doch erschreckt große Satire-Todesanzeigen für den *Liberalismus* in den Witzblättern; und mußten sie sich doch ein »Lueger, Vater unser!« vorbuchstabieren lassen, in dem es wörtlich hieß: »Beschütze unser christliches Volk und erlöse uns von dem Juden-Übel. Amen!«

Eine Woche nach dem Erscheinen der Denkschrift lud die Studentenorganisation »Kadimah« Herzl zum Kommers. Die Halle war überfüllt, die Ovationen wollten nicht aufhören. »Ich mußte sprechen, sprach aber mit Mäßigung – und mittelmäßig. Ich wollte keine Bierbegeisterung erregen, mahnte zum Studium, warnte vor ungesunder Schwärmerei. Wir würden nach Zion vielleicht nie kommen, so müssen wir ein inneres Zion erstreben.«

»Sie werden doch jetzt nicht auch noch Wanderprediger!« kommentierte sein Herausgeber diesen Auftritt beschwörend. Aber irgendwie ging es in diese Richtung oder richtiger: ging Herzl von nun an diesen Weg.

Wieder führte er drei Leben in einem. Nach wie vor war er der renommierte Redakteur, Theaterkritiker, Feuilletonist. Daneben stilisierte er sich zum Diplomaten, der am liebsten mit großmächtigen Herren über die Lösung der Judenfrage diskutierte. Und drittens profilierte er sich als Massenagitator, mal mit sanften, mal mit feurigen Tönen, eine Art Wanderprediger oder *Salesman*, ein Handlungsreisender in Sachen Judenstaat.

Niemand hat diese dreifache Rolle so ätzend kritisiert wie Karl Kraus: »Der Mann der graziösen, zum Ausdruck von Stimmungen und allerlei niedlichen Sentiments, aber auch zur Manie hinneigenden Schreibweise, geht mit messianischer Erlösermiene an sein feuilletonistisches Tagewerk. Von den Gründungsplänen für das Königreich Zion wird er in das Carltheater abberufen, wo er als Referent der ›Neuen Freien Presse‹ über Operettenpremieren zu richten hat und erst, wenn das Stück zu Ende, die Erhebung des jüdischen Volkes mit ansehen darf.«

So konnte man das sehen, und viele Zeitgenossen haben das getan. Um so erstaunlicher, daß Herzl allem Spott und Hohn zum Trotz weitermachte. Sein Terminkalender des Jahres 1896 verzeichnet einerseits Gespräche mit dem Großherzog von Baden, dem Großwesir Khalil Rifat Pascha, Edmund Rothschild,

Fürst Ferdinand von Bulgarien und andererseits Massenveranstaltungen in der großen Synagoge in Sofia und im Londoner Eastend. Einerseits – andererseits. Leben und Arbeiten im »Coupé«, die Hälfte der Tagebucheintragungen entsteht während seiner Bahnfahrten kreuz und quer durch Europa. Auf den Bahnhöfen warten von nun an überall Gefolgsleute, und unterwegs begleiten ihn zwei außergewöhnliche Botschafter, die unbedingt vorgestellt werden müssen.

Botschafter Nr. 1 stand am 10. März 1896 in Herzls Arbeitszimmer und sagte: »Da bin ich.« Antwort Herzl: »das sehe ich, aber wer sind Sie?«[63]

Der Mann war Reverend Hechler, anglikanischer Kaplan der englischen Botschaft in Wien, der nach einer Prophezeiung Omars aus dem Jahr 637 nach Christus ausgerechnet hatte, daß um 1897/98 Palästina den Juden zurückgegeben werden würde, und deshalb in Herzl den Messias des 19. Jahrhunderts sah. Na gut, könnte man sagen, ein religiöser Spinner. Aber so einfach war es mit ihm nicht. Denn Hechler war Erzieher im Haus des Großherzogs von Baden gewesen, kannte dessen Neffen Kaiser Wilhelm II. seit Jahrzehnten und auch den mit dem Zarenhof verschwägerten hessischen Großherzog und versprach, Audienzen mit diesen Herrschaften zu vermitteln. Also wurde er in Herzls diplomatisches Korps aufgenommen.

Botschafter Nr. 2 war Jurist und Journalist wie Herzl und außerdem Ex-Diplomat. Ritter Philipp Michael von Newlinski stammte aus einer alten polnischen Adelsfamilie, die die Teilnahme an diversen Aufständen mit der Konfiszierung ihres Vermögens büßen mußte. So arbeitete Newlinski zunächst als Advokat in St. Petersburg und Moskau, wurde vom Grafen Andrassy ins österreichische Außenministerium geholt und schließlich an die Botschaft nach Konstantinopel geschickt. Hochverschuldet, mußte er aber diesen Dienst quittieren und lebte nun als »diplomatischer Agent« und Herausgeber eines Korrespondentenblattes namens »Correspondance de l'Est« vorwiegend in Wien und Budapest. Ihn nahm Herzl gegen gutes Geld in seine Dienste.

»Verschaffen Sie mir eine Audienz beim Sultan!« hieß die Anweisung an Newlinski. »Verschaffen Sie mir eine Audienz beim Kaiser!« lautete der Auftrag an Hechler. Und irgendwie geriet die Geschichte in Bewegung. Hechler sprach mit dem Großherzog von Baden. Der Großherzog sprach mit dem Kaiser. Als dieser im April 1896 seinen Onkel in Karlsruhe besuchte, richtete er vor der gesamten Hofgesellschaft an den begeisterten Kaplan die launigen Worte: »Hechler, ich höre, Sie wollen Minister des jüdischen Staates werden.« Auf diese hohe Einlassung folgte eine Einladung an Herzl nach Karlsruhe zu einem Gespräch am 23. April mit dem Großherzog.

»Mit Hechler zu Mittag gegessen. Er hatte seine Orden mitgebracht und war aufgeregter als ich. Ich kleidete mich erst nach Tisch, eine halbe Stunde vor der Audienz, um. [...] Wir nahmen dann eine Droschke und fuhren, obwohl es nur noch ein paar Schritte waren, stattlich beim Schloß vor. Wir fuhren die kleine Rampe hinauf, was ich als ein besonderes Raffinement des Besuchs empfand. Es war meine erste Auffahrt vor einem fürstlichen Schloß. Ich versuchte, mich von den wachhabenden Soldaten nicht impressionieren zu lassen. Der Türsteher tat mit Hechler sehr befreundet. Wir wurden in den ersten Wartesalon geführt. Das ist das Adjutantenzimmer. Aber hier ging mir doch der Atem aus. Denn da stehen großartig in Reih' und Glied die Regimentsfahnen. Sie stecken in Lederhülsen, ernst und schweigsam, und es sind Fahnen von 1870–71. Zwischen den Fahnenständern an der Wand ein Revuebild: der Großherzog führt dem Kaiser Wilhelm I. die Truppen vor. Da kam es mir sozusagen erst zum Bewußtsein, wo ich eigentlich war.

Ich suchte mich vom zu starken Eindruck abzulenken, indem ich wie ein Reporter ein Sachinventar aufnahm: grünsamtene Möbel, das braune, geschweifte Holz der Stuhlbeine mit goldenen Leisten versehen; Photographien der drei deutschen Kaiser. [...]

Der zweite Salon ist Rokoko. Rote Seidendamasttapeten, die Fauteuils mit demselben Stoff überzogen. Große Photographien der deutschen Kaiser. An der Wand Ölporträts eines früheren Großherzogs und seiner Frau.

Hechler fuhr fort, mir durch sein Geplauder eine Contenance zu geben.

Wenn er das mit Absicht tat, war es sehr fein.

Überhaupt hatte er mich auf eine höchst delikate Weise vorbereitet. Zum Beispiel hatte er schon unterwegs bemerkt, ich müsse die rechte Hand entblößen für den Fall, daß der Großherzog mir die Hand reichen werde. [...]

Plötzlich öffnete sich die Türe des Arbeitszimmers, und ein alter, kräftig, aber nicht fett aussehender General trat ein: der Großherzog. Wir sprangen von unseren Fauteuils auf. Ich machte zwei Verbeugungen. Der Großherzog reichte Hechler die Hand – von meiner schicklich entblößten Rechten machte er keinen Gebrauch. [...]

Ich rollte also die ganze Frage auf. Leider mußte ich mich beim Sprechen derart konzentrieren, daß ich nicht gut beobachten konnte. [...]

Jedenfalls nahm der Großherzog meine Staatbildung von Anfang an vollkommen ernst.

Sein Hauptbedenken war, daß man es ihm als Antisemitismus auslegen würde, wenn er für die Sache einträte.

Ich erklärte ihm, daß nur *die* Juden gehen sollen, die wollen. Da sich die Juden in Baden unter seiner milden Herrschaft wohl fühlen, werden sie nicht mitgehen, und sie haben recht. [...]

Der Großherzog meinte, daß sich die Regierung erst dann näher auf die Sache einlassen könnte, wenn ihnen die Society of Jews zu Gesicht stehe.

Ich befürwortete nun natürlich den umgekehrten Weg. Einige Fürsten sollten ihr Wohlwollen erkennbar machen; dadurch würde die Society of Jews von vornherein mit mehr Autorität auftreten. [...]

Der Großherzog sagte: Deutschland könne da eigentlich nicht gut Anfang machen. Zunächst sei es an der Frage nicht in so hohem Grade interessiert, wie z.B. Österreich. Dort sei ja die Antisemiten-Schwierigkeit mit Lueger recht groß. [...]

Nach zweieinhalb Stunden, die auch für ihn ermüdend waren, hob er die Audienz auf. Jetzt reichte er mir die Hand und hielt sie sogar sehr lange.

Dazu sprach er gütige Abschiedsworte: er hoffe, daß ich mein Ziel erreichen werde.«[64]

Das war also Herzls erste Fürsten-Audienz, deutsche Kategorie. Der Wanderprediger konstatierte einen gewissen »Audienzrausch« bei sich, eine »Selbstberauschung im Sprechen«. Hechler versprach, daß dies erst der Anfang gewesen sei, nicht mehr und nicht weniger. Als nächstes würden sie zum Kaiser gehen. Aber als nächstes ging er erst einmal mit Botschafter Nr. 2 nach Konstantinopel. Seit fast 400 Jahren gehörten Ägypten, Syrien, Mesopotamien, das heutige Jordanien und Palästina zum Osmanischen Reich. Seit 1516 war Jerusalem osmanische Provinzhauptstadt.

Die Reise fing schon vielversprechend an. In Budapest stiegen drei türkische Paschas in den Orientexpreß, die Newlinski gut kannte. Im Rauchzimmer des Speisewagens kam es zu ersten Auseinandersetzungen darüber, ob die Türkei bereit wäre, Palästina zu verkaufen, für welchen Preis auch immer. Tagebuchvermerk vom 17. Juni, niedergeschrieben im »Coupé«:

»Ich erklärte nämlich, daß wir Palästina als vollkommen unabhängiges Land erwerben wollten; und wenn wir es so nicht bekämen, würden wir nach Argentinien gehen. Darauf der Pascha: ›Ich muß Ihnen sagen, daß man sich mit Ihnen wohl kaum auch nur in Pourparlers einlassen wird, wenn Sie das unabhängige Palästina verlangen. Die Vorteile in Geld und Presse, die Sie uns versprechen, sind sehr groß, und ich hielte Ihren Vorschlag für sehr günstig; aber er ist gegen unser Prinzip, Territorium zu veräußern.‹ Ich erwiderte: ›Das ist unzählige Male in der Geschichte vorgekommen!‹ Der Pascha blieb dabei: ›Als unabhängiges Land bekommen Sie Palästina keinesfalls – vielleicht als Vasallenstaat.‹ Ich erwiderte, daß dies eine Unaufrichtigkeit von vornherein wäre, denn die Vasallen denken doch immer nur daran, sich möglichst bald unabhängig zu machen.«

Mit diesem Gespräch im Zug war bereits alles vorweggenommen, was in Konstantinopel beredet bzw. nicht beredet wurde. Denn zehn Tage lang wartete Herzl auf eine Audienz beim Sultan – vergeblich. Er wurde zwar vom Großwesir empfangen, aber dieser gab sich mißtrauisch und abgeneigt. So blieben Herzl nur Ausflüge, Schloßbesichtigungen und die Einladung zu einem festlichen Moschee-Besuch des Sultans vor seinen Truppen und ausländischen Gästen. Da schwelgte der Wanderprediger in altem Reporterglück. Motto: Der Bosporus leuchtet. »Es jagen in wenigen Viertelstunden die herrlichsten Bilder vorüber. Die weiße Yildiz-Moschee im Sonnenschein. Jenseits, drüben der blaue Bosporus, ferne die Inseln im Duft. Truppen marschieren auf. Stämmige, sehnige, braune Kerle. Prachtvolle Bataillone. Rechts vom Berg herunter reiten die Kavallerieregimenter. Die roten Lanzenfähnchen flattern. Vor uns den Hügel hinan, schreiten in straffem Stechschritt die Zuaven mit grün-rotem Turban. Die Trompeter halten ihr Blechhorn vor dem Mund, zum Blasen bereit.

Paschas in großer Uniform fahren und reiten heran.

In den Moscheevorhof ziehen Fromme in den farbigsten Trachten.

Buntes Geflirr. Jeder Augenblick bringt neue Pracht der Farben.

Kleine Jungen in Offizierstracht, Söhne von Paschas, treten in putziger Grandezza auf.

Endlich kommt der Hof. Zuerst die Söhne des Sultans und andere Prinzen. Sie steigen am Fuß des Yildiz-Hügels zu Pferde und erwarten dort in stattlicher Reihe das Erscheinen des Kalifen. In der Reihe der jungen Prinzen zwei graubärtige Offiziere, die militärischen Erzieher der Prinzen. Der Chef der Eunuchen, ein fetter, großer Kastrat, kommt würdevoll vorüber.

Drei geschlossene Hofequipagen mit dichtverschleierten Haremsdamen. Jetzt kommt eine Doppelreihe von Palastoffizieren in feierlichem Schritt den Hügel herunter. Und dann der Wagen des Sultans, ein halbgeschlossener Landauer mit Vorreitern, umgeben von Garden und Offizieren.

Im Wagen sitzt der Sultan, ihm gegenüber Ghazi Osman Pascha.

Vom Minarett ruft ein Muezzin mit heller Stimme zum Gebet. Militärmusik dazwischen.

Die Truppen begrüßen mit zweimaligem lauten Zuruf den Kalifen. Er ist ein schmächtiger, kränklicher Mann mit großer Hakennase und halblangem Vollbarte, der braun gefärbt aussieht.

Er macht den türkischen Gruß mit einem Schnörkel beim Mund. Wie er an der Terrasse vorüberkommt, auf der wir stehen, fixiert er Newlinski und mich scharf. Dann fährt er hinter das Moscheegitter, steigt beim linken Flügelvorsprung aus, geht langsam die Treppe hinauf.

Zurufe. Er grüßt nochmals und tritt in die Moschee ein, der nun alle Spaliersoldaten das Gesicht zuwenden.

Die Andacht dauert etwa zwanzig Minuten. Im Moscheenhof breiten die Pilger Gebetteppiche aus, knien, hocken nieder. Den Soldaten im Sonnenbrand wird Wasser gereicht.

Nach der Andacht erscheint der Sultan wieder, besteigt einen offenen zweispännigen Wagen, den er selbst kutschiert. Im Moscheehof ein tiefverneigtes Spalier von Paschas und Generalen. Die Prinzen steigen wieder zu Pferde.

Wie der Sultan abermals an uns vorbeikommt, fixiert er mich, der ich an Newlinskis Seite für ihn erkennbar bin, mit einem harten Blick.«[65]

Ja, der Bosporus leuchtete, aber nicht für ihn. Alles, was Newlinski, der während dieser Tage angeblich mehrmals vom Sultan empfangen wurde und angeblich auch hochbrisante Gespräche über Palästina mit ihm führte, für Herzl erreichte, war das märchenhaft klingende Kommandeurskreuz des Medschidije-Ordens, als herzeigbares Belegstück dafür, daß er überhaupt am Hof des Sultans war und angehört wurde – von wem auch immer, mit welchem Ergebnis auch immer. Sein Botschafter läßt ihn darüber keineswegs im unklaren. Zitierter angeblicher Originalton Seiner Majestät, des Sultans, gegenüber dem polnischen Ritter: »Das Türkische Reich gehört nicht mir, sondern dem türkischen Volke. Ich kann davon nichts hergeben. Die Juden sollen sich ihre Milliarden aufsparen. Wenn mein Reich zerteilt wird, bekommen sie vielleicht Palästina umsonst. Aber teilen wird man erst unseren Kadaver. Eine Vivisektion gebe ich nicht zu.«[66]

Kann man solche Sätze erfinden? Selbst ein diplomatischer Agent im Dienst eines Handlungsreisenden in Sachen »Judenstaat« hätte über viel Unverfrorenheit verfügen müssen, wenn er eine derartige Mär in Umlauf setzte. Herzl jedenfalls war von diesen »wirklich erhabenen Worten des Sultans gerührt und erschüttert, obwohl sie alle meine Hoffnungen vorläufig zu schanden machen. Es ist eine tragische Schönheit in diesem Fatalismus, der sich totschlagen und teilen lassen, aber bis zum letzten Atemzuge wehren will, wenn auch nur durch passiven Widerstand.«[67]

Also kehrte Herzl, ordengeschmückt, samt Botschafter Ende Juni wieder nach Wien zurück. Das heißt, vorher wurde noch Station in Sofia gemacht. Und dort agierte zum ersten Mal Herzl, der Redner, der Anführer, der Beweger, der moderne politische Held.

»Aufsehen in der Stadt; überall flogen die Hüte und Mützen in die Luft. Ich mußte mir den Cortège verbitten lassen.

Im Zionsverein Ansprachen. Ich mußte dann in den Tempel gehen, wo Hunderte mich erwarteten.

Ich warnte vor Manifestationen, riet zur Ruhe, damit nicht die Volksleidenschaften gegen die Juden aufgereizt werden könnten.

Meine Worte wurden bulgarisch und spaniolisch wiederholt, nachdem ich deutsch und französisch gesprochen hatte.

Ich stand auf der Altarerhöhung. Als ich nicht gleich wußte, wie ich zu den Leuten mich wenden solle, ohne dem Allerheiligsten den Rücken zu kehren, rief einer: ›Sie können sich auch mit dem Rücken zum Altar stellen, Sie sind heiliger als die Thora.‹

Mehrere wollten mir die Hand küssen.«

Die gleiche Situation ein paar tausend Kilometer weiter und ganze zwei Wochen später in London.

»Abends mein Massenmeeting im Eastend, im Workingmen's-Club. Englisch-jiddische Plakate an den Mauern; im jiddischen Text wird fälschlich gesagt, ich hätte mit dem Sultan gesprochen.

Das Arbeiterklubhaus ist voll. Überall drängen sich Leute. Eine Theaterszene ist die Plattform, auf der ich frei spreche. Ich habe mir nur auf einem Zettel ein paar Schlagworte notiert. Eine Stunde lang spreche ich in der furchtbaren Hitze. Großer Erfolg.

Folgende Redner feiern mich. Einer, Ish-Kischor, vergleicht mich mit Moses, Kolumbus usw. Der Vorsitzende, Chefrabbi Gaster, hält eine feurige Rede.

Ich danke endlich in ein paar Worten, worin ich mich gegen die Überschwenglichkeiten verwahre.

Großer Jubel, Hutschwenken, Hurrahrufe bis auf die Gasse.

Es hängt wirklich nur noch von mir ab, der Führer der Massen zu werden.« Beide Beschreibungen sind Tagebucheintragungen, schnell hintereinander aufgezeichnet. Eigentlich sind es Herzl-Reportagen von und über sich selbst. Und an einer Stelle heißt es: »Ich sah und hörte zu, wie meine eigene Legende entstand.«

Das war in London. Zwei Tage später war er wieder in Paris. Große Audienz beim Baron Edmund Rothschild, dem Kolonisateur der palästinensischen Siedlungen. Endlich. Im holzgetäfelten Empfangszimmer des Bankhauses in der Rue Laffitte kam es nun also doch zur berühmt-berüchtigten »Rede an die Rothschilds«. Allerdings in stark verkürzter Form – die Broschüre lag ja mittlerweile vor, auch ins Englische übersetzt – und ohne auf das für den Plan so wichtige Gegenüber auch nur den geringsten positiven Eindruck zu machen. »Er hält es für unmöglich, den Zufluß der Massen nach Palästina in Ordnung zu halten. Zuerst würden 150000 Schnorrer kommen, die man ernähren müßte. Er fühle sich dem nicht gewachsen, vielleicht wäre ich es. Er könne eine solche Verantwortung nicht auf sich nehmen. Es könne Unglücksfälle geben. ›Gibt es so keine?‹ warf ich ein. ›Ist der Antisemitismus nicht ein beständiges Unglück mit Verlusten an Ehre, Leben und Gut?‹«

Es war kein Gespräch, es war eine »Kampfunterredung«, und nach zwei Stunden sah Herzl die Sinnlosigkeit des Unternehmens ein. Er nahm seinen Parapluie vom Boden und ging, nicht ohne noch einmal grundsätzlich zu werden: »Woran erkenne ich die Macht der Idee? Daran, daß man sich engagiert, wenn man Ja sagt, und auch engagiert, wenn man Nein sagt.« Wahrscheinlich meinte er, wenn man sich auch dann engagiert, wenn man *Nein* gesagt bekommt – von den mächtigsten, den wichtigsten Leuten.

Bei diesem Resümee wird es erst einmal bleiben, daran änderte auch ein anregendes Gespräch mit dem Fürsten Ferdinand von Bulgarien in Karlsbad nichts, denn es war zwar interessant, aber brachte ihn auch nicht weiter. Trotz aller Sympathie für Herzls großen Plan: Eine Vermittlung beim Zaren schlug der Fürst aus. Und Bismarck? Bismarck habe geäußert, dieses Buch über den Judenstaat sei eine melancholische Schwärmerei, wollte Newlinski erfahren haben. Herzl bedauerte zum Ende dieses Jahres, daß er sich »aus der Literatur in dieses Treiben« begeben hatte, in die Niederungen der Wirklichkeit, der Politik. Dabei hatte er das Terrain der Literatur in diesem Jahr der Audienzen und Kundgebungen keineswegs verlassen. Drei seiner »Philosophischen Erzählungen« entstanden 1896: »Das Wirtshaus zum Anilin«, »Sarah Holzmann« und – wer hätte das gedacht? – »Das lenkbare Luftschiff«. Die Metapher hatte ihn wohl nicht mehr losgelassen, und so schrieb er zwischen seinen Audienz-Räuschen und Niederlagen eine wunderbare knapp-verkappte biographische Novelle. Die Geschichte von Joseph Müller, einem genialen Tüftler, der schon als Gehilfe in einer mittleren Mechaniker-Werkstatt das lenkbare Luftschiff erfindet.

»Vierzehn Jahre hatte Joseph Müller nachgedacht, studiert, gerechnet und versucht. Dabei versäumte er das Handwerk nicht und war seinem Meister ein fleißiger Arbeiter. [...] Als er die Zeichnungen, Berechnungen und Kostenüberschläge fertig hatte, trat er damit vor seinen Meister hin. Er wollte, daß der Meister sich mit anderen Meistern zusammentue, und daß diese

Vereinigung, verstärkt durch eine Anzahl gelehrter Techniker, einen öffentlichen Aufruf zur Beschaffung der Kosten erlasse. Denn es war ein großer Betrag erforderlich, ungefähr zwei Millionen Gulden. Es mußte nämlich eine eigene Fabrik zur Herstellung der einzelnen Bestandteile gebaut werden. Ferner waren besondere Laboratorien für die Erzeugung der Sprengstoffe nötig.«[68]

Die Reaktionen waren harsch: Der Meister lachte ihn aus, in der Werkstatt erklärte man ihn für übergeschnappt. Als er sich gegen Spott und Häme wehrte, brachte man ihn ins Irrenhaus. Dort traf er auf andere Erfinder von lenkbaren Luftschiffen, und Joseph Müller wurde klar, daß er »seine Einbildungskraft herunterschrauben mußte«. Er überzeugte die Ärzte, daß er von seiner Krankheit genesen wäre, und wurde aus der Irrenanstalt entlassen.

»Vom lenkbaren Luftschiffe war nicht mehr die Rede. Wohl aber schuf er einen neuen Korkenzieher, einen Hosenstrecker, eine Wäscherolle, ein Sparbügeleisen für Schneider, kurz, Erfindungen durch die man sich bürgerliche Achtung erwirbt. […] Er wurde immer praktischer und geehrter. Jetzt erfand er einen unzerreißbaren Gummischlauch für Fahrräder und verdiente damit die erste Million. Eine neue Glasglühlampe brachte ihm zwei Millionen und den Weltruhm. Endlich errichtete er eine große Maschinenfabrik, aus der die gewaltigsten Lokomotiven hervorgingen.

Als Joseph Müller so weit war, übergab er alle seine Unternehmungen den Geschäftsführern und reiste ab. Er hatte sich eine stolze Yacht bauen lassen und fuhr häufig von Triest nach einer der südlichen Cykladen.«[69]

Auf eine dieser luxuriösen Adria- und Mittelmeer-Kreuzfahrten lädt der reiche Unternehmer eines Tages Freunde ein, die dann ihr »blaues Wunder« erleben. »Nachts langten wir vor der Insel an. Auf der Höhe des Felsens bemerkten wir die Umrisse von Gebäuden, und aus mehreren glänzte elektrisches Licht. Joseph Müller bat uns, zur Ruhe zu gehen; er selbst fuhr im Boot ans Land. Wir Drei plauderten aber noch ein Stündchen auf dem Verdeck. Plötzlich, gleichzeitig stießen wir alle Drei einen Schrei aus. Die dunkle Vordermauer des einen Gebäudes dort oben war gesunken, eine Lichtluft sprang auf das Meer hinaus, und durch die weite Oeffnung stob, rauschte, sauste etwas Großes mit glühenden Augen ins Freie. Es war schon in der Nacht verschwunden, ehe wir zur Besinnung kamen und erschüttert ausriefen:

›Das Luftschiff!‹

Nach aufgeregten Stunden, in denen wir vergeblich auf die Rückkehr des Vogels warteten, überwältigte uns die Müdigkeit. Wir schliefen ein, wo wir saßen. Im ersten Sonnenschein weckte uns Joseph Müller lächelnd auf:

›Sie haben meine ›Halkyone‹ schon gesehen? Ich war mit ihr heute Nachts über Konstantinopel und Cypern. Ich will sie Ihnen jetzt bei Tage zeigen.‹

Er führte uns den Berg hinauf. In dem Gebäude, das dicht am steilen Abhange des Felsens lag und einem Bootshause ähnelte, ruhte die ›Halkyone‹ auf eisernen Schienen. Ihre Form war etwa die einer Libelle, ihre harten Bestandteile waren aus Aluminium, die weichen aus hundertblättriger weißer Seide. Joseph Müller bestieg das wundersame Fahrzeug und wendete sich mit einer fragenden Gebärde an uns. Wir folgten ihm. Mir schlug das Herz heftig. Zwei griechische Jünglinge, denen diese Luftreise schon vertraut war, schnallten uns an den Sitzen fest und schwangen sich dann behend hinten auf. Der Herr gab ein Zeichen, und wir glitten hinaus, hinauf. Ich hatte zuerst eine rechte Angst, aber dann wurde mir hoch und frei zu Mute. Wir saßen hinter dem keilförmigen Windschirm aus Bergkristall und empfanden kein Unbehagen, wie jäh wir auch dahinrasten. […]

Zwei Tage verbrachten wir so über allen Küsten des mittelländischen Meeres.

Am dritten Tage mußten wir uns wieder auf der Yacht einschiffen. Erstaunt bemerkten wir, daß die ›Halkyone‹ mit einer Kette an unsere Yacht gehängt wurde, und wir schleppten sie wie eine Leiche hinter uns her. Keiner von uns wagte, den Schiffsherrn zu fragen, was das bedeuten solle. Er sah eigentümlich unnahbar aus. Auf hoher See befahl er, die Kette zu lösen. Das schwimmende Luftschiff war mit der Yacht nur durch eine dünne elektrische Schnur verbunden, die sich von der Spule endlos abwand. Schon waren wir fern von der zierlichen Luftseglerin. Was dort auf den Wellen tanzte, war anzusehen wie ein tote Möwe. Jetzt kam Joseph Müller zu uns und sprach:

›Hier verlasse ich die ›Halkyone‹. Ich habe mir Wort gehalten, das war die Hauptsache, und einige Freunde, die ich schätze, wissen es. Für die Menschen im Allgemeinen will ich nichts tun; denn sie haben mich gequält, als ich arm und schwach war, und sie haben mir durch ihre Erbärmlichkeit Ekel eingeflößt, als ich erstarkte. Für die sind Korkzieher, Sparbügeleisen und Gasglühlampen genug. Die Menschen sind nicht wert, zu fliegen. Für das, was sie sind, ist Kriechen noch lange gut.‹

Er drückte lächelnd auf einen Knopf. Ein Knall erdröhnte; wo die ›Halkyone‹ gelegen, schäumte das Wasser hoch auf, und bis zu uns flogen kleine Fetzen von der blütenweißen Seide ihrer Flügel. Und unsere Herzen waren bekümmert, als wir weiter zogen, dahin über das weinfarbene Meer. […]«[70]

Welche packende Analogie ist Herzl mit dieser Erzählung gelungen!

Joseph Müller, als Alter ego, der Phantast und Prophet, der an den Aufstieg der Menschen glaubt und an den technischen Fortschritt. Joseph Müller, der an der Kurzsichtigkeit und Dummheit der Welt scheitert, die seine Erfindung einfach nicht würdigen, nicht nachvollziehen will.

Joseph Müller, der Erfinder des lenkbaren Luftschiffs und zugleich sein Zerstörer. Herzls »Fluchten« funktionierten immer noch. Sich Illusionen zu machen, dem Zauber von Stimmungen und Augenblicken zu verfallen, darin war er Meister. Und in der Kunst des Schreibens als Ausweg aus der Enttäuschung über die Schwierigkeiten mit der Wirklichkeit erst recht.

»Der Erfinder des lenkbaren Luftballons« hielt als letzten Eintrag ins Tagebuch 1896 am 20. Dezember fest: »Ich fühle mich ermüden. Ich glaube, jetzt öfter als je vorher, daß meine Bewegung zu Ende ist. Ich habe die volle Überzeugung von der Ausführbarkeit, kann aber die Anfangsschwierigkeit nicht überwinden.

Eine einzige Million Gulden wäre nötig, um die Bewegung groß auf die Beine zu bringen. Dieser Bettel (für eine so große Sache) fehlt – und darum werden wir schlafen gehen müssen, obwohl der Tag da ist. [...]«[71]

»Wir Zionisten wünschen zur Lösung der Judenfrage nicht etwa einen internationalen Verein, sondern die internationale Diskussion. […] Es kann sich bei uns nicht um Bündeleien, geheime Interventionen und Schleichwege handeln, sondern nur um eine freimütige Erörterung unter der beständigen und vollständigen Kontrolle der öffentlichen Meinung.«

Aus der Eröffnungsrede des Ersten Baseler Zionistenkongresses, 1897

Schicksalsjahr 1897
»... in Basel habe ich den Judenstaat gegründet«

»Von Sudermann hat er den Bart,
Die Ironie von Heine.
Doch sein Talent von starker Art
Gehört ihm ganz alleine.
Er sieht ein Ziel, ein Ziel so weit,
Im Träumen, wie im Wachen;
Er denkt daran, in dieser Zeit
Mit Juden Staat zu machen!«

Ein kleiner Scherz der Wiener Ball-Saison. Die »Concordia«, Vereinigung prominenter Schriftsteller und Journalisten, der sicher auch Herzl angehörte, lud zum festlichen Tanzvergnügen. Als Damenspende wurden diese launigen Verse zu einer Karikatur verteilt: der weinende Herzl inmitten der Tempel-Trümer Jerusalems. Ob sich die Damen, einschließlich der eleganten Julie, amüsiert haben? Oder mehr noch die Herren – einschließlich der Spottfigur selbst?

Die Organisation des Traumes

Schon im Januar besprach Herzl mit Freunden den Plan, im Sommer einen »Allgemeinen Zionistentag« nach Zürich einzuberufen. »Dort sollte gewissermaßen eine Heerschau stattfinden, er wollte ein Bild gewinnen über die vorhandenen Kräfte, über die Bereitschaft des Volkes zur Wanderung. Dort sollten die Zionisten aus allen Ländern und Lagern zusammentreffen, das gegenseitige Sichkennenlernen würde die Ansichten klären, Gegensätze beseitigen und die verschiedenartigen Bestrebungen in eine einzige Richtung lenken« – so sein Biograph Alex Bein.

Der Zeitpunkt, die Weltöffentlichkeit auf die *Judennot* aufmerksam zu machen, war gut gewählt. In Frankreich wurde um die Wiederaufnahme des Dreyfus-Prozesses gerungen. Der zunehmende Antisemitismus in Europa war offenkundig. So entstand die Idee des großen Kongresses, die Idee einer Nationalversammlung der neu ausgerufenen jüdischen Nation, die Idee zu einem provisorischen Parlament der in viele Ländern Verstreuten, das in gewissen Abständen zusammentreten sollte, um die Staatsgründung vorzubereiten.

Gesucht: ein öffentliches Forum

Der Top-Journalist Herzl wußte genau, daß ohne Publizität sein großer Plan auf der Ebene der Vereinsmeierei bleiben würde, der rührenden Mund-zu-Mund-Propaganda in den entlegenen östlichen Gemeinden, der Pamphlet-PR in den Städten des Westens. Da arbeitete er nun für eine der wichtigsten Zeitungen Europas, aber die schwieg seine Idee tot. Er durfte, sollte, mußte ein großes Pfingst-Feuilleton schreiben, aber kein Wort über den *Judenstaat*. Das blieb übrigens so bis zu seinem Tod. Wie er und die Zeitungsmacher dieses Doppelspiel durchhielten, läßt sich kaum nachvollziehen. Dem Beispiel der »Neuen Freien Presse« folgten so gut wie alle prominenten Zeitungen im deutschsprachigen Raum. »Zionismus – findet nicht statt!« Das war die Parole.

Es gab ein weiteres Tageszeitungsangebot des Ministerpräsidenten Badeni, aber es kam keine verläßliche Finanzierung zustande. Dann lobte ein anonymer Geschäftsmann 300 000 Gulden für eine »Zionistische Zeitung« aus, allerdings unter der Bedingung, daß weitere 700 000 Gulden von anderen Geldgebern aufgebracht werden müßten. Fehlschlag auch hier. Schließlich sprach Herzl mit seinem »lieben Papakám«, der dem Sohn nie eine Bitte abgeschlagen hatte. Ein Anfangskapital für ein Wochenblatt wurde aufgetrieben. Auch die reiche Familie von Julie, sonst von ihm so verachtet, beteiligte sich. Schwager Naschauer wurde sogar Herausgeber. Herzls Name durfte – wegen seiner Zugehörigkeit zur »Neuen Freien Presse« – nicht einmal im Impressum auftauchen, obwohl jeder wußte, daß er der Kopf, das Herz und der Geldbeschaffer dieser neuen Zeitschrift war. Pfingsten 1897 erschien die erste Ausgabe der »Welt«, gedruckt auf gelbem Papier, der mittelalterlichen Schandfarbe der Juden, und mit dem David-Stern im Titel.

»Unsere Wochenschrift ist ein ›Judenblatt‹. Wir nehmen dieses Wort, das ein Schimpfwort sein soll, und wollen daraus ein Wort der Ehre machen. ›Die Welt‹ ist ein Blatt der Juden. Welcher Juden? Etwa der Starken, denen man ohnehin hilft? Nein, nein, die brauchen keine Unterstützung. ›Die Welt‹ ist das Blatt der Armen, der Schwachen, der Jungen, aber auch aller derjenigen, die, ohne selbst in bedrängter Lage zu sein, zu ihrem Stamme heimgefunden haben. Wage es Niemand, zu sagen, daß wir den Klassenhaß in das Judentum hineintragen, wenn wir uns der Schwachen unter unseren Brüdern annehmen. In unseren Reihen stehen Männer genug, die weder ›Proletarier‹, noch Umstürzler, noch Tollköpfe sind. Die Sache, der wir dienen, ist groß und schön, ein Werk des Friedens, die versöhnende Lösung der Judenfrage. Ein Gedanke, wohl geeignet, edlere Menschen – sie seien Christen, Mohammedaner oder Israeliten – zu begeistern. Wir möchten, um es mit den unseren Freunden schon vertrauten Worten zu sagen: Eine völkerrechtlich gesicherte Heimstätte schaffen für diejenigen Juden, die sich an ihren jetzigen Wohnorten nicht assimilieren können oder wollen.«[72]

Nun hatte er endlich seine eigene Zeitschrift, eine kleine, feine PR-Maschine. Redaktion und Verwaltung befanden sich im II. Wiener Bezirk, der Leopoldstadt, in der Rembrandtstraße, und dort war auch das Büro, von dem aus der große Kongreß vorbereitet wurde. Die Schwierigkeiten waren immens. Die mächtigen Rabbiner Londons und Wiens wie auch der Vorstand des Rabbinerverbandes in Deutschland belegten das Vorhaben mit einer Art öffentlichem Bann: »Die Bestrebungen sogenannter Zionisten, in Palästina einen jüdisch-nationalen Staat zu gründen, widersprechen den messianischen Verheißungen des Judentums, wie sie in der Heiligen Schrift und in den späteren Religionsquellen enthalten sind.«

In Zürich konnte der Kongreß nicht stattfinden. In München, wohin Herzl ausweichen wollte, protestierte die Israelitische Kultusgemeinde in aller Öffentlichkeit. »Die eigenen Leute, sehr peinlich.« Wahrscheinlich würde er keine Stadt für sein größenwahnsinniges Unternehmen finden, höhnten die Gegner. Aber dann fand sich Basel bereit. Und siehe da, irgendwie klappte alles.

Synagogengang und Frackzwang: Der Kongreß findet statt

197 Delegierte aus aller Welt waren tatsächlich angereist und auch die Korrespondenten der Weltpresse. Es hatten sich akkreditiert: »Times«, »Daily News«, »Daily Mail«, »New York Herald«, »Frankfurter Zeitung«, »Kölnische Zeitung«, »L'Echo de Paris«, »Pester Lloyd«, »Jewish World«, »Jewish Chronicle« und die Schweizer Tageszeitungen. Es gab ein gut funktionierendes Kongreßbüro und einen ehrwürdigen Versammlungsort: den großen Musiksaal des Stadtkasinos.

Auch alle bisherigen Gefolgsleute waren gekommen. Oberst Goldsmid, der Daniel Deronda aus London, Botschafter Nr. 1, Hechler, und Botschafter Nr. 2, Newlinski, der Schriftsteller Zangwill, die Wiener Studenten, der Bildhauer Beer aus Paris, vor allem aber Max Nordau, der Arzt, Journalist und Bestseller-Autor, der bekannteste von ihnen allen. In Nordau hatte Herzl einen kongenialen Partner gefunden. Prominenter als er, eloquenter als er und in allem solidarisch. Von ihm gibt es eine Schilderung, wie er in Basel ankommt und in die Synagoge genötigt wird, um Herzl dort zu treffen. Was sollte er, der überzeugte Atheist, ausgerechnet im Tempel? Verwundert fand er sich plötzlich inmitten einer frommen Menge, erlebte noch verwunderter, wie Herzl äußerst unsicher am Gebetsritual teilnahm. So hatte sich Nordau die Ouvertüre zum Kongreß eigentlich nicht vorgestellt. Aber Herzl war eben ein Menschenfänger und Medienkenner, wußte um die Magie von Auftritten und Bildern. Er trug Frack und hatte Frack auch allen Kongreßteilnehmern vorgeschrieben. Für die Damen große Toilette. Er wollte Würde sichtbar machen, Feierlichkeit. Nordau wurde von ihm sofort ins Hotel zum Umziehen geschickt. Der berühmte Schriftsteller aus Paris war nämlich »nur im Gehrock« erschienen.

Kleinigkeiten? Wahrscheinlich nicht. So viele Neugierige waren nach Basel gekommen. Den großen Judenkongreß, den wollten sie sich mal anschauen. Viel kam jetzt auf die Wirkung an, die Ausstrahlung. Auch für die aus so unterschiedlichen Ländern stammenden Delegierten. Herzl hatte eine neue Rolle: die des Regisseurs. Er spielte und ließ spielen – und die Fotografen waren überall dabei. Es ging schließlich um die perfekte Inszenierung eines erstmaligen *Events*, wie man heute sagen würde. Das hatte er erkannt, und das setzte er um. Vor diesem Hintergrund begann er im übervollen Kasinosaal vor festlich gekleidetem Publikum seine Rede mit dem Satz: »Wir wollen den Grundstein legen zu dem Haus, das dereinst die jüdische Nation beherbergen wird.«

Der Kongreß konstituierte sich als künftiges Hauptorgan der zionistischen Bewegung. Herzl wurde zum Präsidenten, Nordau zum Vizepräsidenten gewählt. Der Grundsatz des »Baseler Programms« forderte »die Errichtung einer öffentlich-rechtlich gesicherten Heimstätte«. Im einzelnen einigte man sich auf folgende praktische Maßnahmen:

»Die zweckdienliche Förderung der Besiedlung Palästina mit jüdischen Ackerbauern, Handwerkern und Gewerbetreibenden.
Die Gliederung und Zusammenfassung der gesamten Judenheit durch geeignete örtliche und allgemeine Veranstaltungen nach den Landesgesetzen.
Die Stärkung des jüdischen Volksgefühls und Volksbewußtseins.

Vorbereitende Schritte zur Erlangung der Regierungszustimmungen, die nötig sind, um das Ziel des Zionismus zu erreichen.«

Was diese »Regierungszustimmungen« betraf, so soll Kaiser Wilhelm II. an den Rand des Dossiers, das ihm Beamte des Außenministeriums über den Baseler Kongreß fertigten, handschriftlich vermerkt haben: »Wenn die Moischeles wirklich abziehen wollen, so habe ich gar nichts dagegen, sollen sie ziehen, je früher desto besser.« Aber das war eben nur eine majestätische Marginalie, nichts Offizielles.

Gegen alle Widerstände, entgegen selbst wohlwollender Erwartungen fand der Kongreß nun also wirklich und wahrhaftig statt – und zwar mit Erfolg. Es war kaum zu glauben.

Tagebuch vom 30. August morgens: »[…] als ich gleich nach meiner Acclamation zum Präsidenten den erhöhten Sitz bestieg u. im Briefeinlauf den ersten Brief meines Hans fand, da war ich sehr gerührt. Ich schrieb vom Präsidialtisch – den ich in seiner heutigen Bedeutung nicht überschätze, der aber in der Geschichte wachsen wird – an meine Eltern u. Frau u. an jedes meiner Kinder, Pauline, Hans u. Trude, eine Congress-Correspondenzkarte.

Das ist vielleicht die erste Kinderei, die ich in der ganzen Bewegung seit zwei Jahren beging.«[73]

Der erste Kinderei in zwei Jahren … Souvenirpostkarten vom Kongreß an Mamakám, die übrigens in Basel anwesend war, Frau und Kinder. Wie schön, daß dieser neue politische Held, dieser umjubelte Staatsmann ohne Staat, in gewisser Weise auch noch das liebevolle, verspielte Kind der Budapester Zeit geblieben war.

Anschließend verlas er den »Posteingang«: 550 Telegramme, eine Petition aus Rumänien mit 50 000, eine aus Galizien mit 10 000 Unterschriften, über tausend Zustimmungserklärungen in Karten- oder Briefform. Drei Sitzungstage, überfüllte Tribünen, Redebeiträge und Abstimmungen bis tief in die Nacht. Am Schluß blieb vieles unerledigt. Aber im nächsten Jahr würde ja der zweite Kongreß stattfinden, dann der dritte, vierte

… Von nun an war die Hauptsache, daß es dieses Forum geben würde und diese Basler Adresse. Der Anfang war geschafft!

Die schwarze Legende

Dabei gilt es, noch eine ganz andere Geschichte vom Baseler Kongreß zu erzählen. Die Mär von der geheimen *Weltverschwörung*! Während die ehrwürdig befrackten Delegierten von morgens bis abends nach genauer Tagesordnung die Möglichkeit einer Heimstatt für die Juden diskutierten, saßen nämlich dunkle Drahtzieher in irgendwelchen Hinterzimmern und planten die Unterjochung der ganzen Welt. Das war der »wahre Baseler Kongreß«. Das klingt zwar monströs, wurde aber im 20. Jahrhundert Millionen Menschen erfolgreich vorgelogen. Der Baseler Kongreß, das war in Wahrheit die Geheimsitzung der »Weisen von Zion«, einer im verborgenen agierenden, mächtigen Verschwörergruppe.

Herzl, der so hellsichtig auf Feierlichkeit und vollständiger Transparenz insistierte, hat das Aufkommen und die massenhafte Verbreitung dieser schwarzen Legende von »seinem« Kongreß nicht mehr erlebt. Sie wurde 1917 unter dem Titel »Die Protokolle der Weisen von Zion« von einem russischen Autor, Sergej Nilus, in die Welt gesetzt. Er gab an, »daß diese Protokolle dem Rate der Ältesten durch den ›Fürsten des Exils‹, Theodor (?) Herzl, während des ersten Zionistenkongresses unterbreitet wurden, den er im August 1897 nach Basel einberufen hatte.«[74]

Angeblich wurden die Protokolle von einem Delegierten heimlich nach Rußland gebracht und dort übersetzt. Wahrscheinlich hat sie dort der russische Geheimdienst fabriziert. Jedenfalls machten sie von nun an die Runde durch die ganze Welt. In Amerika ließ Henry Ford auf der »Grundlage der Protokolle der Weisen von Zion« ein Pamphlet über den »Nationalen Juden – ein Weltproblem« verbreiten, das 1921 auch ins Deutsche übersetzt wurde. Es war eines der am meisten verkauften Bücher seiner Zeit. Kein Wunder, basierte es doch schließlich auf allem, was die Schönerers und Luegers, die Dührings, Drumonts und die »ungarische Kassandra« schon immer prophezeit hatten und womit sie ihre Politik betrieben.

Und erst recht kein Wunder: Alfred Rosenberg, der Chefideologe der Nationalsozialisten, legte 1923 mit der Kampfschrift »Der Weltverschwörerkongreß zu Basel« nach. Von nun an waren Millionen überzeugt, daß die Juden planten, die Weltherrschaft zu erlangen. Seit Basel. Seit 1897. Seit Herzl.

Unsterblich scheint diese Manipulation zu sein. Noch heute geistern die »Protokolle der Weisen von Zion« durch politische Diskussionen. Dabei wurde in einem zwei Jahre dauernden Prozeß in Bern 1937 die Fälschung dieser »Protokolle« nachgewiesen. Es gab diese Sitzungen nie, von denen die angeblichen Berichte stammen sollen. Macht nichts. Hauptsache: Die Tendenz stimmt, und die Botschaft, daß die Juden stets Schlechtes und Gefährliches im Sinn haben, kommt zu den Leuten. Und ganz besonders dann, wenn sie auch noch in aller Öffentlichkeit einen Kongreß abhalten mit dem Ziel, einen Ausweg aus ihrer diskriminierten, verachteten Minderheitensituation zu finden. Alles Mauschelei, Betrug im geheimen, der typisch jüdische Schwindel.

Die Judennot hatte Max Nordau in seinem Grundsatzreferat, dem wichtigsten Vortrag des Kongresses, ausgeführt, sei jene besondere Not, die die Juden nicht als Menschen, sondern als Juden erleiden. Sie hat zwei Formen, eine sachliche und eine sittliche. In Osteuropa, in Nordafrika, in Westasien, in den Gebieten, in denen die ungeheure Mehrheit der Juden wohnt, ist sie der reine Existenzkampf, ein qualvolles Ringen um die Erhaltung des nackten Lebens. Im europäischen Westen ist sie eine sittliche Not. Durch die Emanzipation aus dem Ghetto geholt und damit aus der eigenen Gemeinschaft gelöst, stehen die Juden Westeuropas, statt in eine neue Gemeinschaft einzutreten, wie sie hofften, dem Antisemitismus gegenüber. Was sie machen, ist falsch, Anlaß zu neuer Verfolgung.

Das war die Wahrheit dieses braven, in jeder Phase öffentlichen ersten Zionistenkongresses. Die Opfer suchten nach einer humanen Lösung. Das aber ließ die Täter nicht ruhen. Deshalb erfanden sie die »Weisen von Zion« und machten aus ihnen gefährliche Täter der Zukunft: Verschwörer, Blutsauger, Unterdrücker. Opfervolk/Tätervolk. An allem sind die Juden schließlich selbst schuld! Das wirkt weit über hundert Jahre hinaus. Wahrheit hin, Wahrheit her.

»Ich nähere mich offenbar dem Höhepunkte meiner tragischen Unternehmung. Gelingt die Expedition nach Palästina, so ist das Allerschwerste getan. Alles andere ist dann nur noch Ausführung, die auch von anderen vollzogen werden kann.«

Tagebuch, Oktober 1898

Die Reise nach Palästina

»Allergnädigster Kaiser und Herr!«

Das Herz. »Ich bin müde, das Herz nicht in Ordnung.« Immer häufiger werden Hinweise dieser Art im Tagebuch. Schon zwei Jahre zuvor, im März 1896, nach dem Erscheinen des »Judenstaates«, hatte es ärztliche Warnungen gegeben.

»Dr. Beck, der alte Hausarzt meiner Eltern hat mich untersucht und ein durch die Aufregungen hervorgerufenes Herzleiden konstatiert. Er versteht nicht, daß ich mich mit der Judensache abgebe; und von den Juden, mit denen er verkehrt, versteht es auch niemand.«[75]

Seitdem wechselten die Schreib-Räusche, Audienz-Räusche und Kongreß-Räusche ab mit totaler Erschöpfung; Hochstimmungen mit vollkommener Niedergeschlagenheit. Und immer wieder Probleme mit dem Herzen. Aber alle Vorhaltungen der Mediziner wurden überhört. Auf die Reisen wird jetzt Brom mitgenommen.

Das »Neue Ghetto« reloaded

Das Jahr begann für Herzl mit einer überraschenden Erfolgsgeschichte. Sein Schauspiel »Das neue Ghetto«, das zwei Jahre lang kein Intendant haben wollte, wurde am 5. Januar im Wiener Carltheater uraufgeführt und anschließend von mehr als einem Dutzend Bühnen nachgespielt: in Berlin, Stettin, Hamburg, Altona, Augsburg, Baden-Baden, Libau, Dorpat, Prag, Teplitz, Budweis, Pilsen, Ölmütz und Krakau. Der Autor erlebte Proben und Premieren in Wien, Berlin und Prag, wurde bejubelt und ausgepfiffen.

Nie wurde so richtig klar, ob der Beifall oder die Ablehnung

dem Stückeschreiber oder dem neuen »Judenstaat-Erfinder«
galt. Wenn das Drama auch viel Publikum anzog, die Kritiken
waren schlecht. Nur Felix Salten schrieb begeistert, und die
»Neue Freie Presse« veröffentlichte ein lobendes Feuilleton
von Herzls prominentem Kollegen Speidel. Und er? Er, der
zwei Jahre zuvor an Schnitzler geschrieben hatte: »Komm ich
nur auf die Bühne! Wenn dieses Stück in der Welt ist, wird mir
leichter ums Herz sein«, notierte nun ganz lakonisch in sein
Tagebuch: »Die Berliner Kritik hat mein Neues Ghetto demoliert.« Das war's.

Es scheint, seine Zeit – wie die Zeit überhaupt – war über
die jüdische Tragödie des »Neuen Ghetto« hinweggegangen.
Wahrscheinlich kam der Erfolg für das Stück zu spät. Inneres
Ghetto/Äußeres Ghetto – der verzweifelte Ausruf am Schluß:
»Ich will hinaus!« klang nur noch wie ein Echo vergangener
Not. Jetzt war ja das Ziel bekannt, das all dem bisherigen Elend
ein Ende setzen würde. »Nächstes Jahr in Jerusalem!« Man
mußte nur dorthin kommen.

»Plötzlich schoß mir die Idee auf, ein biblisches Drama
›Moses‹ zu schreiben. Die Zustände in Ägypten, der Kampf
nach innen und außen, der Auszug, die Wüste, Mosis Tod. Ich
denke mir ihn als einen großen, lebensstarken, überlegenen,
humorvollen Menschen. Das Drama, wie er innerlich mürbe
wird, und doch an seinem Willen sich aufrechterhält. Er ist der
Führer, weil er es nicht sein will. Es ordnet sich ihm alles unter, weil er keinen persönlichen Wunsch hat. Ihm ist es nicht um
das Ziel, sondern um die Wanderung zu tun. Erziehung durch
Wanderung. […] Der alternde Moses erkennt immer wieder
Korah, das Kalb, immer dieselben Sklavenzüge. Er wird von alledem müde und muß sie doch mit immer neuer Frische weiterlocken. Es ist die Tragödie des Führers von Menschen, der kein
Verführer ist.«[76]

War Moses jetzt das Alter ego, anstelle des armen Anwalts,
der aus dem Ghetto der Wiener jüdischen Minderheit herauswollte?

Diese blitzartige Skizze zu einem Schauspiel in fünf Akten

über das große Grundthema aus der Geschichte wurde nicht weiter ausgeführt.

Sie ging in der Auseinandersetzung mit der Wirklichkeit verloren.

Die Bank, der Kongreß, Audienzen ...

Das Jahr stand ganz im Zeichen anderer Aufgaben. Da war einmal die Finanz-Misere. Nicht eine Milliarde, nicht hundert Millionen, nicht zehn Millionen, nicht wenigstens eine Million waren bisher als Startkapital für die Aufbau-Bank zusammengekommen. Ganze 100 000 Pfund waren im August 1898, kurz vor dem zweiten Baseler Kongreß, gezeichnet. Baron Hirsch hatte recht gehabt und behalten: Die Reichen gaben nichts. Und die Armen hatten nur wenig, das sie geben konnten. Herzl wurde klar, daß es keinerlei Automatismus in »seiner Bewegung« geben würde, gerade in der Geldfrage nicht. Nichts ging von selbst. Er mußte auch das organisieren. Eine »kleine Bank« würde er also gründen, die später die notwendigen Tochtergesellschaften einrichten könnte.

Der zweite Baseler Kongreß war ein großer Erfolg. Die Zahl der Delegierten hatte sich verdoppelt, die Zahl der organisierten Gruppen sogar verneunfacht. 913 Organisationen Rußlands, Österreichs, Ungarns, Rumäniens, Englands, Deutschlands, Bulgariens und aus den Vereinigten Staaten wurden aufgelistet. Die Presse war noch stärker vertreten als im Vorjahr. Das Bankprojekt erhielt die volle Zustimmung der Delegierten. Die Fotos zeigen Herzl inmitten seiner Getreuen: Nordau, der Vater unter den Deputierten, Botschafter Nr. 1 und Botschafter Nr. 2 – diesmal mit ganzer Familie als Gäste. Drei Tage »Konferenz-Rausch«, anschließend »das Gefühl tiefster Erschöpfung«.

Aber an Erholung war nicht zu denken. Seit Wochen kursierten Meldungen, daß der deutsche Kaiser eine »religiöse Reise« nach Jerusalem zu unternehmen gedenke. Er wollte bei der Einweihung der evangelischen Erlöserkirche höchstpersönlich anwesend sein. Und da es nicht nur um Religion gehen sollte, sondern auch um wirtschaftspolitische Interessen in der Region, war zuvor ein Besuch beim Sultan in Konstantinopel eingeplant. Von dieser Konstellation hatte Herzl immer geträumt: Kaiser und Sultan einigen sich auf den »Judenstaat« in Palästina oder reden wenigstens über diesen Plan, so daß Herzl endlich beim Osmanischen Herrscher vorsprechen darf ...

Aber davon mußte er den Kaiser vor dessen Abreise überzeugen. Die größtmögliche Audienz mußte stattfinden. Und zwar in diesen Tagen. Und tatsächlich, der Großherzog von Baden machte seinen Einfluß geltend und arrangierte für Herzl eine Serie vorbereitender Gespräche.

16. September:
Beim Grafen Eulenburg, dem deutschen Botschafter in Wien. »Er fragte, was ich denn vom Kaiser wolle; ob dieser dem Sultan sagen solle, daß er uns das Land und die Autonomie geben möge. Ich sagte: ›Nein, der Kaiser sollte nur dafür ein Wort einlegen, daß der Sultan sich mit uns in Verhandlungen einlasse.‹«

18. September:
Beim Außenminister von Bülow. »Unsere Unterredung war leider mehr eine Plauderei als ein straffes politisches Gespräch.«

7. Oktober:
Wieder beim Grafen Eulenburg. »Er erzählte mir vom Kaiser, daß dieser sich schon ganz in den Protektoratsgedanken hineingelebt habe. Auch zweifle er nicht, daß der Sultan seinen Rat gut aufnehmen werde. [...] Wunderbar, wunderbar!«

9. Oktober:
Beim Großherzog von Baden. »›Der Kaiser‹ sagt er, ›hat die Sache genau kennengelernt, und ist voll Enthusiasmus. [...] Er hätte Sie auch schon empfangen, denn man hat Vertrauen zu Ihnen; aber es wird jetzt erachtet, daß es besser ist, Sie in Konstantinopel und in Jerusalem zu empfangen.‹«

Konstantinopel und Jerusalem!

Die »Sache« entwickelte sich geradezu fabelhaft. Nun wurde Herzl aufgefordert, eine Delegation zusammenzustellen und sich auf eine Reise zumindest nach Konstantinopel vorzubereiten.

Immer noch 9. Oktober:

Wieder beim Außenminister von Bülow, der ihn diesmal nicht allein empfing. »Ein kleiner, schiefgewachsener, mit Orden behängter alter Herr, ein gelbes Großband über der Hoftracht, saß mit da – Reichskanzler Fürst Hohenlohe. Von ihm hörte ich auch das erste antisemitische Wort dieser hohen Kreise: ›Glauben Sie, daß die Juden ihre Börse im Stiche lassen und mit Ihnen gehen werden? Die Juden, die hier in Berlin gut installiert sind?‹ Ich erwiderte: ›Durchlaucht – nicht Berlin W, sondern Berlin O oder N – ich weiß nicht genau, wo die armen Juden hier wohnen – wird mit mir gehen.‹ ›Und Sie wollen dort einen Staat begründen?‹ ›Wir wollen Autonomie und Selbstschutz.‹«[77]

Erfolg! Der Hof ließ ausrichten, daß Seine Majestät Herrn Dr. Herzl in Konstantinopel anzuhören bereit sei sowie in Jerusalem mit Delegation zu empfangen gedächte.

Also ab in den Orientexpreß mit vier Getreuen, zur Kaiser-Audienz in Konstantinopel.

Das fabelhafte Einhorn

Als alles vorbei und vorüber war, am 19. Oktober 1898, schrieb Herzl an Bord des russischen Dampfers »Imperator Nikolas II.« seine Eindrücke von der Begegnung mit dem Kaiser nieder – in Form dieses Gleichnisses:

»Mir war, als wäre ich in den Märchenwald gekommen, wo das fabelhafte Einhorn hausen soll. Plötzlich stand ein prachtvolles Waldgeschöpf vor mir mit einem Horn an der Stirn. Aber seine Gestalt überraschte mich weniger, als daß es lebte. Die Gestalt hatte ich mir vorher gedacht, aber nicht das Atmen und Leben dieses Wesens. Und meine Überraschung wuchs, als das

Einhorn mit einer sehr freundlichen Menschenstimme zu reden anfing und sagte: ›Ich bin das fabelhafte Einhorn!‹«[78]

Typisch Herzl. Majestät im Märchenwald. Da findet nach mühevollem diplomatischem Hin und Her endlich die Unterredung mit dem möglichen kaiserlichen Protektor des »Judenstaates« statt, und dann überwältigt den Petenten ein »Märchenwaldgefühl«, und er erlebt Wilhelm II. als Einhorn mit freundlicher Menschenstimme. Zugegeben, das Gespräch fand in einem Palast in Yildiz, dem Hof des Sultans, statt, und Dekor, Licht, Dienerschaft waren à la »Tausendundeine Nacht«. Aber es ging schließlich um handfeste Politik und auch eine Portion Antisemitismus. Der Kaiser meinte, daß es unter den Landsleuten Herzls »Elemente gibt, die in Palästina unterzubringen recht gut wäre. Ich denke zum Beispiel an Hessen, wo es unter der Landbevölkerung Wucherer gibt. Wenn diese mit ihrer Habe in die Kolonien gingen, um sich anzusiedeln, könnten sie nützlicher sein.« Also, Umzug, Auszug, Wegzug mit höchstem Wohlwollen. »Man« sei bereit, mit dem Sultan darüber zu reden. Irgendwie kam das Gespräch auf die Dreyfus-Affäre. Und da hatte der Kaiser sehr Interessantes vom rumänischen König erfahren – und berichtete bereitwillig: »Seit Jahr und Tag werden im Französischen Generalstab die geheimen Fonds gestohlen. So hat man auch dem Kapitän Dreyfus 20 000 Francs angeboten. Er hat sie nicht nehmen wollen und gesagt: Ich brauche die 20 000 Francs nicht. Was soll ich mit den 20 000 Francs? – Dafür mußten sie ihn beseitigen, da er nun zuviel wußte.«[79]

Welch eine Information aus allerhöchstem Mund! Der Außenminister soll ganz nervös geworden sein. Schließlich stand man einem Journalisten gegenüber, der viel über die Dreyfus-Affäre berichtet hatte. Und schließlich stand Frankreich ein Wiederaufnahmeverfahren der Affäre bevor. Aber der Kaiser feuerte eine kleine Kanonade selbstherrlicher Systemkritik ab: »Aus allem, was man in Frankreich zu sehen bekommt, scheint doch hervorzugehen, daß die Republik nicht die denkbar beste Regierungsform ist.«

Von Herzl, dem kritischen Chronisten des »Palais Bourbon« und Anhänger einer demokratischen Monarchie, gab es keinen Widerspruch. Er fragte, ob er Majestät sein Buch über die »Französischen Zustände« schicken dürfte.

Schluß-Dialog:
»Kaiser: Sagen Sie mir nur mit einem Wort, was ich vom Sultan verlangen soll?
 Herzl: Eine Chartered Company – unter deutschem Schutz.
 Kaiser: Gut! Eine Chartered Company!«
 Abgang des fabelhafte Einhorns. »Man« wolle sich in Jerusalem mit Herzl und seiner Delegation wiedertreffen. Vielleicht wisse »Man« dann schon mehr. Herzls offizielle Ansprache an Seine Majestät sei vorher beim Staatsminister von Bülow einzureichen.
 Ende der Audienz. Also zu Schiff ins »Land der Väter«.
 Während Herzl übers »weinfarbene« Meer fuhr, sprach Wilhelm II. tatsächlich mit Sultan Abdul Hamid während eines Gala-Dinners, wie der Großherzog von Baden später berichtet hat. Aber Botschafter Nr. 2, Newlinski, wollte angeblich herausgefunden haben, daß der Kaiser mit seinem Vorschlag beim Osmanischen Herrscher auf wenig Gegenliebe getroffen wäre. Grund: Wilhelms schöne antisemitische Argumentation: »Für die Türkei sind die Zionisten keine Gefahr, aber in Europa sind die Juden eine Plage, die ›Man‹ gerne los werden möchte.«[80]
 Der Sultan sah wohl nicht so recht ein, warum er die »Plage« aufnehmen sollte, die in Europa unerwünscht war. Ob so argumentiert worden ist oder anders: Der deutschen Majestät samt Gefolge war nach diesem Gespräch klar, daß von einem jüdischen Staat in Palästina unter Berliner Schutz nicht mehr die Rede sein könnte. Das allergnädigste Treffen mit der Zionisten-Delegation in Jerusalem samt offizieller Ansprache blieb aber Teil des kaiserlichen Reiseprogramms. Eine Farce. Ein bißchen Hof-Theater. Aber das merkte Herzl erst hinterher.

Das berühmte Foto

Ab 26. Oktober 1898 im »Heiligen Land«. Auch Botschafter Nr. 1, der »gute« Hechler, war eingetroffen und spielte Kurier zwischen der kaiserlichen und der zionistischen Delegation.

Eine erste kurze Zusammenkunft Herzls mit dem Kaiser fand am 29. Oktober in der Ackerbau-Modell-Siedlung Mikweh Israel statt. Herzl stellte sich dem heranreitenden Kaiser und seinem Gefolge gewissermaßen in den Weg. Neben einem Pflug postiert, gab er dem Schülerchor das Zeichen »zum Absingen des ›Heil Dir im Siegerkranz‹ und zog den Korkhelm«. Er hatte sogar einen Fotografen dabei, seinen Getreuen, den Großkaufmann Wolffsohn aus Köln. Leider war der von der Begrüßung so aufgeregt, daß die Aufnahme Herzls neben dem Kaiser zu Pferd nur einen Schuh und einen Teil des gezogenen Korkhelms am Bildrand zeigt. Nichts vom erlauchten Händedruck, nichts von der allergnädigsten, wenn auch nur kurzen Unterredung. Recht eigentlich gar nichts von diesem historischen Moment. Trotzdem gab es später ein berühmtes Foto dieser Szene. Herzl, der Medienkenner, hatte sich einfach nachfotografieren und ins Bild einmontieren lassen. Es war eine »gestellte« Aufnahme, aber von einer wahren Begebenheit. Eine journalistische Manipulation mit großer Wirkung. Schließlich konnte sich alle Welt davon überzeugen, daß der Kaiser auf seiner Palästina-Reise Herrn Dr. Herzl freundlich begrüßt hatte. Wenigstens das.

Audienz im Kaiserzelt

Herzl war krank, hatte hohes Fieber, nahm Chinin, erbrach sich, konnte sich kaum aufrecht halten. Die vier Getreuen: Max Bodenheimer, David Wolffsohn, der Wiener Ingenieur Joseph Seidener und vor allem der Arzt Moritz Schnirer, kümmerten sich rührend um ihn. Die ganze Nacht blieb Schnirer beim Kranken, rieb ihn immer wieder mit Kampferspiritus ein. Am nächsten Morgen war Herzl wieder auf den Beinen. »Um 12.00

Uhr waren wir alle angekleidet. Bodenheimer hatte einen grotesken Zylinder und zu weite Manschetten, an denen die Unterärmel hervorrutschten. Ich habe meinen schäbigen Sultansorden (zum erstenmal) angelegt. Brom ließ ich nicht nehmen.«
Soviel zum Zustand der Herzl-Delegation. In glühender Hitze fuhr sie zur Zeltstadt außerhalb Jerusalems. Im Kaiserzelt trug alles Kolonial-Mode. »Der Kaiser stand in der grauen Kolonialuniform, den Schleierhelm auf dem Kopf, braune Handschuhe und – merkwürdigerweise – die Reitpeitsche in der Rechten. Etwas abseits stand Bülow in einem bestaubten grauen Sakkoanzug und hielt meinen korrigierten Entwurf in der Hand.« Der von einem Beamten Bülows korrigierte Entwurf. Herzls Rede war stark gekürzt, viele entscheidende Stellen gestrichen worden. Sein Biograph Alex Bein hat das Manuskript der Ansprache nach der später vom Auswärtigen Amt in Berlin erhaltenen Abschrift veröffentlicht. Die eingeklammerten Stellen kennzeichnen die Passagen, die dem Kaiser nicht zu Ohren kommen sollten, für die Annalen aber erhalten sind. Hier also das einmalige Dokument:

»Ew. Kaiserliche und Königliche Majestät!
Allergnädigster Kaiser und Herr!

Eine Abordnung von Söhnen Israels naht sich in tiefster Ehrfurcht dem deutschen Kaiser im Lande, welches das unserer Väter war *(und uns nicht mehr gehört)*. Durch keinen geltenden Besitztitel sind wir mit diesem heiligen Boden verknüpft. Viele Geschlechter sind gekommen und gegangen, seit diese Erde jüdisch war. Spricht man davon, so ist es nur noch wie von einem Traum aus sehr alten Tagen. Aber der Traum lebt noch, lebt in vielen hunderttausend Herzen; er war und ist ein wundervoller Trost in gar manchen schmerzensreichen Stunden unseres *(armen)* Volkes. *(Immer, wenn Feinde uns mit Anklagen und Verfolgungen bedrängten, wenn man uns das bißchen Recht zum Leben nicht gönnen wollte, wenn man uns ausschaltete aus der Gesellschaft unserer Mitbürger, deren Schicksale treu zu teilen wir doch immer bereit waren – stieg der Gedanke an Zion in unserem gepreßten Gemüt auf).* Es ist etwas Ewiges in diesem Gedanken, der seine Formen freilich mit den Menschen gewandelt hat.

Die zionistische Bewegung vom heutigen Tage ist denn auch eine völlig moderne. Sie knüpft an die Zustände und Bedingungen des gegenwärtigen Lebens an, und will aus den Möglichkeiten unserer Zeit heraus die Judenfrage lösen. Ja, wir glauben, daß es jetzt endlich gelingen kann, weil die Menschheit so reich geworden ist an Verkehrsmitteln und technischen Errungenschaften. Unternehmungen, die noch vor einem halben Jahrhundert phantastisch ausgesehen hätten, sind heute Alltäglichkeit. Dampf und Elektrizität haben das Antlitz der Erde verändert. Es sind daraus auch Konsequenzen der Menschlichkeit zu ziehen.

(Wir haben vor allem das Volksbewußtsein unserer verstreuten Brüder aufgeweckt. Auf den Kongressen zu Basel wurde das Programm unserer Bewegung vor aller Welt formuliert. Es lautet: Schaffung einer öffentlich rechtlich gesicherten Heimstätte für das jüdische Volk).

Da ist das Land unserer Väter, das sich für eine Kolonisierung und Kultivierung eignet. Ew. Majestät haben das Land gesehen. Es schreit nach Menschen, die es bebauen sollen. Und wir haben unter unseren Brüdern ein schreckliches Proletariat. Diese Menschen schreien nach einem Lande, das sie bebauen wollen. Nun möchten wir aus den zwei Notständen – des Landes und des Volkes – durch die planvolle Verbindung beider eine neue Wohlfahrt schaffen. Für so gut halten wir diese Sache, für so wert einer Teilnahme der Großmütigsten, daß wir Ew. Kaiserliche Majestät um Ihre hohe Hilfe zu dem Werke bitten.

Aber wir würden es nicht wagen, wenn in unserem Gedanken etwas enthalten wäre, wodurch der Herrscher dieses Landes gekränkt oder beeinträchtigt werden könnte. Die Freundschaft Ew. Kaiserlichen Majestät für Se. Majestät den Sultan ist so bekannt, daß kein Zweifel über die Absichten derjenigen bestehen kann, die sich um die Allergnädigste Vermittlung ihrer Wünsche an Ew. Majestät wenden. Wir sind ehrlich überzeugt, daß die Ausführung des zionistischen Planes auch für die Türkei Wohlfahrt bedeuten muß. Energien und materielle Mittel werden dem Lande zugeführt, eine großartige Befruchtung verödeter Gebietsteile ist leicht vorherzusehen, und aus alldem erwächst mehr Glück und Gesittung für viele Menschen.

Wir planen die Errichtung einer Jüdischen Landgesellschaft für Syrien und Palästina, welche das große Werk in Angriff nehmen soll *(und erbitten für diese Gesellschaft den Schutz des deutschen Kaisers)*.

Niemandes Rechte oder fromme Empfindungen bedroht unser Gedanke *(aus dem eine langbegehrte Versöhnung weht)*. Wir verstehen und achten die Pietät aller Konfessionen für den Boden, auf dem ja auch der Glaube unserer Väter erwuchs.

Das ist das Vaterland von Ideen, die nicht einem Volke, nicht einer Konfession ausschließlich gehören. Je höher die Menschen in der Gesittung steigen, umso deutlicher erkennen sie das Gemeinsame in diesen Ideen. Und so ist auch aus der wirklichen Stadt Jerusalem mit ihren schicksalsvollen Mauern längst eine symbolische Stadt geworden, die allen Kulturmenschen heilig ist.

Ein Kaiser des Friedens zieht mächtig ein in die ewige Stadt! Wir Juden grüßen Ew. Majestät in diesem hohen Augenblick und wünschen dabei aus tiefster Brust, daß ein Zeitalter des Friedens und der Gerechtigkeit anbrechen möge für alle Menschen. *(Auch für uns)*.«[81]

Es sind ganze sieben Streichungen. Aber die haben es in sich. Das Volk der Juden ist nicht »arm«, und von seinen Verfolgungen will man nichts hören, ebensowenig von den Zionisten-Kongressen und ihrem Grundsatzprogramm. Und von wegen »Schutz des Kaisers« für eine jüdische Landgesellschaft für Syrien und Palästina! Gestrichen! Kein Wort mehr davon. Schließlich der Wunsch, daß ein Zeitalter des Friedens und der Gerechtigkeit anbrechen möchte »auch« für die Juden. Diese

Forderung ausgerechnet als Schlußsatz der Rede. Weg damit. Legationsrat Kemeth hatte ein diplomatisches Meisterwerk vorgelegt. Er mußte die Rede noch nicht einmal umschreiben – mit den Kürzungen war alles aus der Ansprache verschwunden, was Judennot, Staatsidee und erhofftes Engagement des Kaisers betraf. Auf diesen Text konnte sich niemand beziehen, um daraus irgendein politisches Kapital zu schlagen. Dieser Empfang im Kaiserzelt war eine hübsche kleine Hof-Aufführung. Bülow las, während Herzl sprach, Satz für Satz des Manuskriptes mit. Anschließend dankte Seine Majestät für die interessanten Mitteilungen und meinte: »Die Sache bedarf jedenfalls noch eines eingehenden Studiums und weiterer Aussprachen.« Ganz klar. Dann erklärte er noch in einem pragmatischen Satz, daß das Land vor allem »Wasser und Schatten« brauche.

Wieder ein Schluß-Dialog:
Kaiser: »Also Herzl, schaffen Sie nur Wasser und Schatten!
Herzl: Das können wir dem Land bringen, es wird Milliarden kosten, aber auch Milliarden einbringen.
Kaiser: Na, Geld haben Sie ja genug, mehr Geld, wie wir alle.
Bülow: Ja, das Geld, das uns so viele Schwierigkeiten macht, haben Sie reichlich.«
Wie schön dies für Herzl zu hören, der sich mit der Aufbaubank herumplagte, nirgends Geld für die große Idee bekam, fast alles bisher aus eigenen Mitteln finanzieren mußte. Aber abgesehen davon: Die Geschichte mit dem fabelhaften Einhorn war zu Ende.

Einige Tage später hieß es in der amtlichen Veröffentlichung über die Aktivitäten Seiner Majestät in Jerusalem: »Später empfing der Kaiser den französischen Konsul und sodann eine jüdische Delegation, welche ein Album mit Ansichten der in Palästina errichteten israelitischen Kolonien überreichte.«

Das war doch richtig rührend. Und weiter: »Auf eine Ansprache des Führers dieser Deputation erwiderte Seine Majestät, daß alle diejenigen Bestrebungen auf sein wohlwollendes Interesse zählen können, welche auf eine Hebung der Landwirtschaft in Palästina zum Besten der Wohlfahrt des Türkischen Reiches und unter voller Respektierung der Souveränität des Sultans abzielten.«[82]

Alles zur Wohlfahrt des türkischen Reiches – von wegen »deutsches Protektorat«, von wegen »Schutz für eine autonome Heimstatt«, von wegen Anerkennung der zionistischen Bewegung, und Herzls Name wurde noch nicht mal in der Regierungsmitteilung genannt. Aber Herzl, durch nichts zu entmutigen, bastelte sich sofort eine ganz und gar positive Version vom Jerusalemer Abenteuer: »Daß der Kaiser das Protektorat nicht übernommen hat, ist für die spätere Entwicklung unserer Sache natürlich vorzüglich. […] Denn das Protektorat wäre ein klarer nächster Vorteil gewesen. Aber kein fernerer. Wir hätten für dieses Protektorat später die schwersten Wucherzinsen zahlen müssen.«[83]

So gesehen, war die Reise nach Jerusalem ein schöner Erfolg. Und wie gut, daß es wenigstens die Foto-Fälschung von der Begegnung mit dem Kaiser in Mikweh Israel gab, als Beweis dafür, daß Herzl überhaupt in Palästina gewesen war und wieder einmal alles versucht hatte, um den »Judenstaat« zu ermöglichen.

Tagebucheintrag vom 31. Oktober 1898:

»Wenn ich künftig deiner gedenke, Jerusalem, wird es nicht mit Vergnügen sein.

Die dumpfen Niederschläge zweier Jahrtausende voll Unmenschlichkeit, Unduldsamkeit und Unreinlichkeit sitzen in den übelriechenden Gassen. Der eine Mensch, der liebenswürdige Schwärmer von Nazareth, der in all der Zeit hier war, hat nur dazu beigetragen, den Haß zu vermehren.

Bekommen wir jemals Jerusalem, und kann ich zu der Zeit noch etwas bewirken, so würde ich es zunächst reinigen.

Alles, was nicht Heiligtum ist, ließe ich räumen, würde Arbeiterwohnungen außerhalb der Stadt errichten, die Schmutznester leeren, niederreißen, die nicht heiligen Trümmer verbrennen und die Bazare anderswohin verlegen. Dann unter möglichster Beibehaltung des alten Baustils eine komfortable, ventilierte, kanalisierte neue Stadt um die Heiligtümer herum errichten.«[84]

Herzl und die Wirklichkeit. Die Wirklichkeit und Herzl. Eine gute Woche war er im »Gelobten Land«, und was er sah, paßte nicht so ganz in sein vorheriges Bild und auch nicht gerade in sein Modell von einer ganz und gar modernen Gesellschaft der Zukunft. Der Reisende aus Europa fuhr durch keine *menschenleere Zone*, sondern durch eine Vielvölkergesellschaft von damals schon über einer halben Million Menschen. Über eine halbe Million auf einem nicht unendlich großen Gebiet. Und unter dieser halben Million – nach der Zählung von 1880 – knapp 25 000 jüdische Siedler und Städter. Also, fünf Prozent – Tendenz steigend. Die Juden in Palästina – eine verschwindend kleine Minderheit. Das war die Realität, die Herzl zum Jahrhundertende antraf. Der »Judenstaat« postulierte das genaue Gegenteil: eine jüdische Gesellschaft, in der es nur einige wenige »Andersgläubige und Andersnationale« geben würde.

Jerusalem 1998

Hundert Jahre später nimmt Shimon Peres in seinem Buch »Zurück nach Israel« Herzl auf eine imaginäre Reise mit. Und was finden die beiden? Von Mikweh Israel ist nur noch das Portal erhalten. »Die Weinberge, Zitronen- und Orangenplantagen sind eine Grünfläche, auf die Baufirmen scharf sind, die davon träumen, den Grund in Parzellen für wohlhabende Führungskräfte aufzuteilen.«[85] Die moderne Silhouette von Tel Aviv rückt bis hierher. Alles moderner, heller, großzügiger als früher, das konnte Herzl nur begeistern.

Aber dann Jerusalem. Sie gehen durchs Jaffa-Tor, sie gehen zur Klagemauer, und immer noch gibt es die Bettler, die Herzl vor hundert Jahren schon am liebsten verjagt hätte. Und sie nähern sich dem Tempelberg, dem Felsendom und der El-Aksa-Moschee, und Shimon Peres muß Herzl die unübersehbare

Präsenz des Militärs – im Jahre 1998 – erklären. So viel Schwerbewaffnete mitten in der Stadt. Herzl fragt, warum die »Heiligen Stätten« nicht längst exterritorialisiert seien, wie von ihm stets vorgeschlagen? »Ja«, erwidert Peres, »von dieser idyllischen Lösung sind wir noch weit, sehr weit entfernt.« Auch gegen die Herzl-Idee von der »Internationalisierung Jerusalems« gibt es nur »erbitterten Widerstand der israelischen politischen Klasse aller Richtungen. Schließlich ist Jerusalem seit 1967 wiedervereinigt worden, um die ewige Hauptstadt des Staates Israel zu werden.«[86]

Herzl fragt nach dem »Friedenspalast«, den er im Zentrum Jerusalems errichten wollte, dieses vorweggedachte UNO-Gebäude, Symbol für den Aufbau der Neuen Gesellschaft? Shimon Peres kann nur vage erwidern, daß er »von ganzem Herzen nur hoffen könne, daß dieser Friedenspalast eines Tages wirklich in Jerusalem gebaut werden wird«. So gehen die beiden durch die Stadt, Herzl immer einsilbiger, Peres um so beredter. Lauter Mauern und Grenzen muß er beschreiben, »weil Jerusalem heute das einzigartige Schauspiel einer Stadt bietet, die zwar wiedervereinigt ist, aber doch von einer unsichtbaren Grenze durchschnitten wird, die ebenso wirksam ist wie die Mauern, die die Jordanier nach 1948 bauten. Die Mauern von Jerusalem sind unendlich zahlreicher und solider, als man denkt.« Wenn der Zufall es gewollt hätte, dann würde sich an dieser Stelle eine palästinensische Stimme in den Dialog einmischen und sie auffordern, sich Ost-Jerusalem genau anzuschauen: »Zehntausende von Wohnungen, die Israel seit 1967 hier gebaut hat, stehen nur Juden, nicht aber Muslimen oder Christen zur Verfügung. Und während Juden und Jüdinnen auf der ganzen Welt jederzeit das Recht haben, in Ostjerusalem Wohnsitz zu nehmen, müssen die ansässigen Palästinenser strenge Kriterien erfüllen, um ihr Wohnrecht zu behalten. So verliert eine Frau dieses Recht, wenn sie einen Mann aus der West Bank heiratet. Ein neugeborenes Kind erhält nur dann die Wohnberechtigung, wenn beide Elternteile aus Jerusalem stammen und auch seine Großeltern nachweislich in Jerusalem geboren wurden und dort 1967 ansässig waren. Doch damals gab es kein verläßliches Registriersystem, daher können viele ihr Recht nicht nachweisen. Wer sieben Jahre außerhalb der Stadt gewohnt hat, kann nicht mehr zurück.

Die Palästinenser empfinden diese Politik als eine Art ethnischer Säuberung mit administrativen Mitteln. Sie sind ihr machtlos ausgeliefert und verlieren dadurch den Glauben an Recht und Gerechtigkeit.«[87]

Die Stimme gehört Sumaya Farhat-Naser, einer palästinensischen Professorin, Schriftstellerin und Bürgerrechtlerin, die 1997 zusammen mit israelischen Frauen um einen gerechten Frieden in Israel/Palästina kämpfte. »Prinzipien: Anerkennung des Selbstbestimmungsrechts beider Völker in diesem Land durch die Schaffung eines palästinensischen Staates neben dem israelischen. Die Stadt Jerusalem: Zwei Hauptstädte für zwei Staaten.« Ihre Friedensversion war genau im Moment der imaginären Peres-Herzl-Reise in Basel veröffentlicht worden. Der Anlaß dazu war die Hundert-Jahr-Feier des Ersten Zionistenkongresses. Der Zufall wollte diese Zeitgleichheit, aber in Peres' Buch kommt diese Stimme nicht zu Wort.

Der Politiker nennt die Altstadt ein »Puzzle« von Religionen und Ethnien, die seit grauer Vorzeit konfliktgeladene Beziehungen untereinander unterhalten, 1998 erst recht. Im Viertel Mea Shearim beginnt am *einen* Ende der Straße der Propheten die Grenze zwischen dem jüdischen und dem arabischen Jerusalem, und am *anderen* Ende verläuft die unsichtbare Trennlinie zwischen dem Jerusalem der ultraorthodoxen Juden und dem Jerusalem der weltlichen Juden. Peres nennt sie »zwei vollkommen verschiedene Welten, die nicht unter demselben Himmel und zur selben Zeit zu existieren scheinen, obwohl ihre Bewohner am gleichen Ort wohnen und denselben Kalender benutzen«![88]

Jerusalem 1998 ist die Hauptstadt eines Staates, in dem fünf Millionen Menschen leben, knapp vier Millionen Israelis und knapp über eine Million nicht-jüdischer Bürger, darunter 900 000 Moslems. Auf das Palästina bezogen, durch das Herzl hundert Jahre vorher reiste, hat sich die jüdische Bevölkerung verhundertsechzigfacht! Sie ist die Mehrheitsgesellschaft geworden. Ein Fünftel bilden die Minderheiten. Shimon Peres, der vielfache Minister und Ex-Ministerpräsident, nimmt Herzl mit in die Knesset, das Parlament. Sie gehen an den Sicherheitskontrollen und dem riesigen Porträt, das der Bildhauer Dani Caravan von Herzl geschaffen hat, vorbei und nehmen auf den Bänken der Opposition Platz. »Herzlich Willkommen«, sagt Peres, »im demokratischen Epizentrum der zionistischen Bewegung, der Fortsetzung der Baseler Kongresse.«

Und Herzl traut seinen Augen nicht. Was suchen die Abgeordneten religiöser Parteien im Parlament? Hatte er nicht geschrieben: »Wir werden die Rabbiner in ihren Tempeln festzuhalten wissen, wie wir unser Berufsheer in den Kasernen festhalten werden«? Und gefordert: Kein privilegierter Einfluß von Klerus und Militär im Staat! Und warum haben sich die Politiker Israels nicht daran gehalten? Peres bleibt eine Begründung schuldig. Er nennt es »paradox«, daß sich ausgerechnet der israelische Arbeiterblock auf diesen Status quo, den Kompromiß mit den religiösen Parteien, eingelassen hat und einläßt. Dann wird er für seinen Gegenüber auf alarmierende Weise deutlich: »Da ich zutiefst an das Judentum und seine Werte glaube, beunruhigt mich natürlich der Graben zwischen religiösen und säkularen Kräften, der in unserem Land immer tiefer wird, wobei sich erstere wesentlich aggressiver als letztere gebärden. Wenn man nicht aufpaßt, droht dieser latente Konflikt das jüdische Volk und die israelische Gesellschaft regelrecht zu spalten und Phänomene der Intoleranz und Ablehnung zu fördern, die der Entwicklung unseres Landes nur abträglich sein können.«[89]

Jerusalem 1998. Herzl und die Wirklichkeit hundert Jahre später. Die Wirklichkeit und Herzl. Was ließ und läßt sich vom zionistischen Ideal in die Realität übertragen? Die imaginäre Herzl-Peres-Reise läßt diese Frage unbeantwortet. Allerdings erklärt Peres, daß die Geschichte nicht immer mechanisch den von Denkern und Propheten festgesetzten Regeln gehorcht.

Herzl erwidert, daß dies auch im Umkehrschluß richtig sei. Das hatte ihm schon der Londoner Schriftsteller Israel Zangwill ins Stammbuch geschrieben: »Die Welt, in der Prophezeiungen erfolgen, kann nicht die Welt sein, in welcher sie erfüllt werden.« »Erst recht dann nicht«, argumentiert Peres, »wenn die Welt der erfüllten Prophezeiungen in einem Feindesland liegt, so von feindlichen Nachbarn umgeben ist, die sogar das schlichte Recht auf Existenz denen verweigern, die in einem kleinen Gebiet zwischen ihnen leben. Fünf Kriege mußten wir führen, den ersten schon einen Tag nach unserer Proklamation.« Hat Herzl je an Kriege gedacht? An ein kleines Berufsheer ja. Zehn Prozent der Männer sollten an Waffen ausgebildet werden, um »äußeren und inneren Frieden zu gewährleisten«. Aber Krieg? Fünf Kriege in fünf Jahrzehnten? Wo bleibt da die Friedensidee?

Peres führt Herzl zum Platz der Könige in Tel Aviv, an die Stelle, wo Yitzhak Rabin, der General, Stabschef im Sechstagekrieg, mehrfacher Verteidigungsminister und schließlich der Premier, der das historische Friedensabkommen mit den Palästinensern und Jordanien geschlossen hat, und dann, eben wegen dieses Friedensversuchs 1995, von einem jüdischen Extremisten erschossen wurde. »Das ist die Besonderheit des modernen ›Judenstaates‹: die Generäle, die den Frieden am Leben erhalten wollen, sterben in vorderster Linie im Kampf für diesen Frieden und an der Spitze demokratischer Kräfte.«[90] Diese Realität hat mit dem »Land der Prophezeiungen« in der Tat kaum Ähnlichkeit. So oder so bleibt es beim Tagebucheintrag: »Wenn ich künftig deiner gedenke, Jerusalem, wird es nicht mit Vergnügen sein.«

»Traum ist von Tat nicht so verschieden, wie mancher glaubt. Alles Tun der Menschen war Traum und wird später zum Traume.«

»Altneuland«, Nachwort

»Altneuland«
Der Roman von der Zukunft Palästinas

Also doch noch ein Roman. Und gleich in zwei Büchern, einer Fin-de-Siècle-Geschichte und einer Science-fiction-Story, die im Jahr 1923 spielt. Theodor Herzl als Arthur Schnitzler, Jules Verne und Karl May unterwegs im großen Reich seiner Phantasie. Drei Jahre Arbeit »nebenbei« – zwischen den Kongressen, den Bankgeschäften, der tausendfachen Korrespondenz, den Artikeln für die »Neue Freie Presse«, den Audienzen, den Massenveranstaltungen und der Stückeschreiberei für Lustspieltheater.

Der Anfang entstand wieder einmal im »Coupé«, zwischen Paris und Frankfurt am Main am 2. Juli 1899, hinskizziert auf ein paar losen Zetteln. Titel: »Das neue Zion«.

Ein paar Wochen später, nach dem dritten Zionistenkongreß in Basel, erfand er einen neuen Namen »Altneuland«, in Anlehnung an die Prager Synagoge Altneuschul, und war sofort davon überzeugt, daß dies »ein berühmtes Wort werden wird«.

»Altneuland« beginnt im Epizentrum Wiener Lebens mit einem gebildeten, verzweifelten jungen Mann, der uns ziemlich bekannt vorkommt: »Dr. Friedrich Löwenberg saß in tiefer Melancholie an dem runden Marmortische seines Kaffeehauses. Es war eines der alten gemütlichen Wiener Cafés auf dem Alsergrunde. Er kam seit Jahren dahin, schon als Student. Mit der Regelmäßigkeit eines Bureaukraten pflegte er um die fünfte Nachmittagsstunde einzutreten. Der blasse, kranke Kellner begrüßte ihn ergebenst. Löwenberg machte eine höfliche Verbeugung vor der ebenfalls blassen Kassiererin, mit der er nie sprach. Dann setzte er sich an den runden Lesetisch, trank seinen Kaffee, las alle Zeitungen durch, die ihm der Kellner beflissen brachte. Und wenn er mit den Tages- und Wochenzeitungen, Witzblättern und

Fachjournalen fertig war, was nie weniger als anderthalb Stunden in Anspruch nahm, kamen die Gespräche mit Freunden oder die einsamen Träume. [...]

Da saß er und starrte in den leichten Dunst hinein, der die fernen Winkel des Saales verschleierte. Um den Billardtisch standen mit langen Stöcken und kühnen Stoßgebärden einige junge Leute. Die waren nicht unvergnügt, obwohl sie sich in ähnlicher Lage befanden, wie er: es waren angehende Ärzte, neugebackene Doktoren der Rechte, absolvierte Techniker. Die höheren Studien hatten sie vollendet, und zu tun gab es nichts. Die meisten waren Juden und pflegten zu klagen, wenn sie nicht gerade Billard oder Karten spielten, wie schwer es ›in dieser Zeit‹ sei, das Fortkommen zu finden. Einstweilen vertrieben sie sich diese Zeit mit endlosen Spielpartien. Löwenberg bedauerte und beneidete zugleich diese Gedankenlosen. Sie waren eigentlich nur bessere Proletarier, Opfer einer Anschauungsweise, die vor zwanzig oder dreißig Jahren in den mittleren Schichten der Judenschaft geherrscht hatte. Die Söhne sollten etwas anderes werden, als die Väter gewesen. Los vom Handel, von den Geschäften. Da hatte ein Massenauszug des Nachwuchses nach ›gebildeten‹ Berufen stattgefunden. Das Ende war ein jammervoller Überfluß an studierten Leuten, die keine Beschäftigung fanden, zu bescheidener Lebensführung nicht mehr taugten, in Ämtern nicht unterschlüpfen konnten, wie ihre christlichen Kollegen, und sozusagen auf dem Markte lagen. Dabei hatten sie Standespflichten, ein kümmerlich hochmütiges Standesbewußtsein und recht mittellose Titel. Die einiges Vermögen besaßen, konnten es langsam aufzehren, oder sie lebten aus der väterlichen Tasche weiter. Andere lauerten auf die ›gute Partie‹, mit der hübschen Aussicht, Eheknecht im Solde eines Schwiegervaters zu werden. Die dritten unternahmen eine rücksichtslose und nicht immer reinliche Konkurrenz in Berufen, welche eine vornehmere Lebenshaltung erforderten. So daß man das wunderliche und traurige Schauspiel hatte, sie, die nicht einfache Kaufleute sein wollten, als ›Akademiker‹ Geschäfte machen zu sehen: Geschäfte mit geheimen Krankheiten oder unerlaubten Prozessen. Manche wurden aus Not Journalisten und handelten mit öffentlicher Meinung. Noch andere tummelten sich in Volksversammlungen herum, hausierten mit wertlosen Schlagworten, um bekannt zu werden und parteiliche Beziehungen zu ergattern, die später Nutzen bringen mochten.

Keinen dieser Wege wollte Löwenberg gehen.«[91]

Dieser 23 Jahre alte Dr. Friedrich Löwenberg, dem Autor als junger Mann zum Verwechseln ähnlich, führt uns an einem einzigen Abend durch das – aus seiner Sicht – in allen Schattierungen miserable Dasein der jüdischen Minderheit Wiens. Alle Gutmenschen und Schlechtmenschen aus den vielen Herzl-Dramen treten in kurzer Abfolge hintereinander auf. Zunächst der aufdringliche Bankangestellte Schiffmann, ein Widergänger des erfolgreichen Spekulanten Wasserstein aus dem »Neuen Ghetto«. Schiffmann/Wasserstein, selbst die Namen gleichen einander. Mit ihm geht Löwenberg zu einem festlichen Dinner der überaus neureichen Familie Löffler, nicht ohne vorher – Kontrast ist alles! – einem halbverhungerten Jungen ein paar Münzen zu schenken. Später in der Nacht wird er auch dessen Vater, einen armseligen Hausierer, kennenlernen und die unbeschreibliche Not, in der er mit Frau und zwei Kindern in einer Mansarde lebt.

Die Soirée bei Löfflers ist ein Zerrspiegel-Kabinett, in dem widerwärtige Geldsäcke, blöde Komiker, juwelierte Gattinnen, ein wunderschönes Mädchen und ein armer Rabbiner bestaunt werden können. Der Rabbiner berichtet am überreich gedeckten Tisch von dem großen Elend in Mähren und der Hoffnung seiner Gemeinde, in Palästina eine neue Heimat finden zu können, im Zukunftsstaat der Juden. Seine Erzählung geht unter in Hohn und Spott. Die Herren wollen alle Botschafter dieses neuen Staates werden – bei Hofe in Wien. Köstliche Idee! Anschließend wird Champagner aufgefahren und die Verlobung der jungen, schönen Tochter mit dem ältlichen, häßlichen »Mitchef« einer gute Geschäfte machenden Firma bekanntgegeben. »Alles ist käuflich«, stöhnt Dr. Friedrich Löwenberg, der gebildete, aber arme Schlucker, der sich heimlich schwer in das junge Ding verliebt hatte. Er verläßt die vergoldeten Salons, verzweifelter denn je.

Was für ein Leben! Und welch ein Schundroman! Aber dann nimmt die Geschichte eine ungewöhnliche Wendung. Der schleimige Schiffmann, der überallhin Beziehungen hat und dem nichts entgeht, weist Löwenberg auf eine Zeitungs-Annonce hin, die er seit Tagen immer wieder im Anzeigenteil gelesen hat.

Diese Anzeige lautet folgendermaßen:

»Gesucht wird ein gebildeter und verzweifelter junger Mann, der bereit ist, mit seinem Leben ein letztes Experiment zu machen. Anträge unter N.O.Body an die Expedition.«

Mit dem Leben ein letztes Experiment zu machen.

Klar, daß sich unser verzweifelter Held meldet. Und jetzt wird es interessant. N.O.Body ist ein deutscher Haudegen, der in Amerika ein erfolgreicher Geschäfts-, aber auch gehörnter Ehemann wurde. Als reicher Menschenverächter – »das Anhäufen von Geld war für mich sinnlos geworden – vom Traum der Familie hatte ich genug« – erwarb er am Ende der Welt, im Cooks-Archipel, eine kleine Insel, wo er mit zwei Dienern und einem elektrischen Boot ganz komfortabel lebt. Dorthin will er nun wieder zurück. In Europa hatte er Bücher, physikalische Instrumente und Waffen gekauft. Nun braucht er nur noch einen Gesellschafter. In Triest ankert seine Jacht. N.O.Body nennt sich Kingscourt – und erinnert ein bißchen an den Erfinder des lenkbaren Luftschiffes, Joseph Müller. Im Grunde ist er Herzls Idol: der heldenhafte, einsame, reiche, ganz und gar unabhängige Mann von Welt, der sich über den Alltag erhebt, sei es in einer »Halkyone« oder auf einer Insel in der Südsee.

Klar, daß sich Löwenberg Kingscourt anschließt. Triest–Rarotonga/One Way lautet der Pakt, eine lebenslange Verpflichtung. Kingscourt besteht auf einer Bedingung: »›Wenn Sie mit mir gehen, dürfen Sie nicht mehr zurück. Sie müssen alle Fäden abschneiden.‹

Friedrich entgegnete:

›Mich bindet nichts. Ich stehe ganz allein in der Welt und habe das Leben vollkommen satt.‹

›Einen solchen Mann brauche ich, Doktor! Tatsächlich verlassen Sie das Leben, wenn Sie mit mir gehen. Sie werden nichts mehr vom Guten und Bösen dieser Welt erfahren. Sie sind tot für die Welt und die Welt ist untergegangen für Sie. Paßt Ihnen das?‹

›Es paßt mir.‹

›Dann werden wir gut zusammenleben. Ihre Art gefällt mir.‹

›Eines muß ich Ihnen noch sagen, Mr. Kingscourt: ich bin Jude. Stört Sie das nicht?‹

Kingscourt lachte:

›Hören Sie? Die Frage ist komisch. Ein Mensch sind Sie, das sehe ich. Ein gebildeter Mann scheinen Sie auch zu sein. Des Lebens sind Sie überdrüssig, das spricht für Ihren guten Geschmack. Alles andere interessiert mich nicht.‹«

Dann fahren sie los. Das heißt, bevor sie abreisen, läßt Löwenberg der Hausiererfamilie einen Umschlag mit 5000 Gulden überbringen. »Diese Summe hatte Kingscourt ihm zur Abwicklung seiner Verpflichtungen« gegeben. Da er keine Verpflichtungen hatte und für die Zukunft kein Geld brauchte, schenkte er es der halbverhungerten Familie. Ein unvorstellbares Vermögen.

In Triest beginnt die Reise. Wer jetzt ein tolles Südsee-Abenteuer erwartet, wird allerdings enttäuscht. Die Jacht steuert nämlich die Küste von Palästina an, weil Kingscourt findet, daß sich sein jüdischer Begleiter für das »Land der Väter« interessieren müßte. Dem ist dieses Land zwar einigermaßen egal, aber er folgt seinem Pakt-Partner gern, schließlich ist das Teil der geschlossenen Abmachung. Also verbringen sie »einige Tage im alten Land der Juden«.

»Von Jaffa hatten sie einen unangenehmen Eindruck. Die Lage am blauen Meere wohl herrlich, aber alles zum Erbarmen vernachlässigt. Die Landung in dem elenden Hafen mühselig. Die Gäßchen von den übelsten Gerüchen erfüllt, unsauber, verwahrlost, überall buntes orientalisches Elend. Arme Türken, schmutzige Araber, scheue Juden lungerten herum, alle träg, bettelhaft und hoffnungslos. Ein sonderbarer Moderduft, wie von Gräbern, beengte einem das Atmen.

Kingscourt und Friedrich beeilten sich fortzukommen. Sie fuhren auf der schlechten Eisenbahn nach Jerusalem. Auch auf diesem Wege Bilder tiefster Verkommenheit. Das flache Land fast nur Sand und Sumpf. Die mageren Äcker wie verbrannt. Schwärzliche Dörfer von Arabern. Die Bewohner hatten ein räuberhaftes Aussehen. Die Kinder spielten nackt im Straßenstaube. Und in der Ferne am Horizont sah man die entwaldeten Berge von Judäa. Der Zug fuhr dann durch öde Felsentäler. Die Abhänge verkarstet, wenig Spuren einer einstigen oder gegenwärtigen Kultur.

›Wenn das unser Land ist‹, sagte Friedrich melancholisch, ›so ist es ebenso heruntergekommen wie unser Volk.‹

›Ja, es ist einfach scheußlich, geradezu polizeiwidrig –,‹ erklärte Kingscourt. ›Und doch ließe sich da viel machen. Aufforsten müßte man. So eine halbe Million junger Riesentannen – die schießen hoch wie Spargel. Das Land braucht nur Wasser und Schatten, dann hätte es noch eine Zukunft, wer weiß wie groß!‹

›Wer soll da Wasser und Schatten herbringen?‹

›Die Juden, Kreuzschockschwerenot!‹«

»Wasser und Schatten«, und beides sollen die Juden beschaffen. Das waren doch die Worte Wilhelms II. im Kaiserzelt vor Jerusalem! Herzl, der geniale Recycling-Artist, bietet lauter Déjà-vu. Was Kingscourt und Löwenberg im Roman von Palästina sehen, stammt aus Herzls Tagebuchaufzeichnungen vom Herbst 1898. Viel Öde, Staub, Armut, Apathie. Manchmal eine wundersame Mondnacht. Am Abend wirkt Jerusalem magisch. In den Modellkolonien gibt es mutige Siedler, kühne Kinder und erste Anzeichen von Wohlstand. Aber insgesamt erleben sie ein geschichtsträchtiges Land im Verfall. Leichten Herzens gehen sie auf die Jacht zurück. Am Silvesterabend hält Kingscourt eine flammende Rede. »Alles Nötige ist schon vorhanden, um eine bessere Welt zu machen. Und wissen Sie, Mann, wer den Weg zeigen könnte? Ihr! Ihr Juden! Gerade weil's Euch schlecht geht. Ihr habt nichts zu verlieren. Ihr könntet das Versuchsland für die Menschheit machen – dort drüben, wo wir waren, auf dem alten Boden ein neues Land schaffen. Altneuland!« Aber diese Rede bleibt ein Monolog, sie hat kein Gegenüber. Friedrich Löwenberg hat sich betrunken und ist eingeschlafen, »träumend fährt er durchs das rote Meer«. Damit endet das erste Buch, das insgesamt nur ein paar Dutzend Seiten umfaßt: Das Wiener Panoptikum und eine kleine Palästina-Reportage. Jetzt aber müßte endlich das Südsee-Abenteuer anfangen! Doch nein. Herzl macht einen Schnitt, wie im Film, einen Zeitsprung von über zwanzig Jahren in die Zukunft. Die Jacht mit Kingscourt und Löwenberg fährt wieder durchs Rote Meer, diesmal allerdings in umgekehrter Richtung. Und wo landet sie an? Richtig, in Palästina von 1923. Wieder ist Kingscourt der Neugierige. Er hat von Veränderungen dort gehört, modernem Leben. Löwenberg dagegen ist nach wie vor uninteressiert. »Mich zieht es dahin ebensowenig, wie nach Europa.« Kingscourt läßt Haifa ansteuern.

»Es war eines Frühlingsmorgens nach einer der in diesen Meeren so weichen Nächte, als die Küste Palästinas in Sicht kam. Die beiden standen auf der Kommandobrücke und lugten seit zehn Minuten unverwandt durch ihre Ferngläser nach derselben Himmelsgegend aus. ›Man möchte schwören, daß dort die Bucht von Akko ist‹, sagte Friedrich.

›Man könnte auch das Gegenteil schwören‹, meinte Kingscourt. ›Ich habe noch das Bild dieser Bucht in der Erinnerung. Vor zwanzig Jahren war sie leer und öde. Aber da rechts, das ist doch der Karmel, und da drüben links ist Akko.‹

›Wie verändert!‹ rief Friedrich. ›Da ist ein Wunder geschehen.‹

Eine herrliche Stadt war an das tiefblaue Meer gelagert.«

In dieser herrlichen Stadt werden sie, kaum gelandet, von einem Bekannten aus der Wiener Zeit wiedererkannt: David Littwak, der Sohn der Hausiererfamilie, die Löwenberg so reich beschenkte. Er hat studiert, ist mit den Eltern nach Palästina ausgewandert und jetzt erfolgreicher Reeder in Haifa. Er bewohnt mit Vater, Mutter, Schwester, Ehefrau und kleinem Sohn ein großes Haus und setzt nun allen Ehrgeiz daran, Löwenberg und Kingscourt seine neue, glänzende Heimat zu zeigen, den glücklichen Judenstaat.

Dieses Palästina von 1923 umfaßt das Gebiet des West- und Ostjordanlandes und reicht im Norden bis ins heutige Syrien. Es ist ein modernes Land mit großen Städten, einer blühenden Landwirtschaft, Eisenbahnlinien, Elektrizität, Kanälen, Talsperren – jeder technische Fortschritt ist vorhanden, »Schatten und Wasser« in Hülle und Fülle. Dieses »aufgeblühte« Land ermöglicht eine neue Sozial- und Wirtschaftsordnung. Das Wirtschaftssystem ist weder kapitalistisch noch sozialistisch, es ist »mutualistisch«, sucht einen Mittelweg, der Privatwirtschaft und Gemeinwirtschaft miteinander verbindet. Die Landwirtschaft wird von selbstverwalteten Produktionsgenossenschaften betrieben. Jeder Mensch hat ein Recht auf Arbeit – genauer gesagt, die Pflicht zu arbeiten. Betteln und Hausieren sind strengstens verboten, auch Kleinhandel gibt es so gut wie nicht, große Warenhäuser dominieren von Anfang an die Städte. Am außergewöhnlichsten ist das Arbeitszeitmodell. Über den Tag wird 14 Stunden gearbeitet, in zwei Schichten. Jede Arbeitsschicht wird allerdings von einer dreieinhalbstündigen Pause unterbrochen, die die Beschäftigten zu Erholung, Weiterbildung, kulturellen Vergnügungen, Familiengemeinschaft, Sport nutzen können. Im einzelnen sieht das so aus:

Frühschicht: 8 bis 11.30 Uhr, Pause bis 15 Uhr, Fortsetzung der Arbeit von 15 bis 18.30 Uhr.

Spätschicht: 11.30 bis 15 Uhr, Pause bis 18.30 Uhr, Fortsetzung der Arbeit von 18.30 bis 21.30 Uhr.

Für eine Zeit, in der der 10-Stunden-Tag normal war, ist dieses Modell eines siebenstündigen Arbeitstages, der in sich die große Pause zu allen Aktivitäten außerhalb der Arbeit enthält, eine Sensation. Und eine Sensation ist auch die Reformidee: durch 14 Stunden Arbeit pro Tag in zwei Schichten entsteht so viel Produktivität, daß eine Aufbau-Gesellschaft wahrscheinlich wirklich zu großem Wohlstand kommen kann. Besonders, wenn jeder vollen Herzens mitmacht, weil er aus freien Stücken hierhergekommen ist, um das Neue zu schaffen.

Irgendwann auf dieser Reise packt es dann auch Löwenberg, den bis dahin Gleichgültigen. Es gibt nämlich *neue* Frauen in diesem neuen Land. Jung, schön, elegant wie in Wien, aber berufstätig und keineswegs nur auf eheliche Versorgung, Geld, mondäne Toiletten und Schmuck fixiert. Die Schwester von David Littwak, die Löwenburg als halbverhungerten Säugling in der Wiener Mansarde in Erinnerung hatte, ist zum Beispiel so eine Person. Kaum ihrer angesichtig, bereut er schon, daß er die letzten zwanzig Jahre am Ende der Welt verträumt hat, statt sich tatkräftig als Pionier der Zukunft zu betätigen. In dieser Stimmung erreicht die Reisegesellschaft Jerusalem – und siehe da: »Einst hatten sie eine schwermutsvolle Stadt des Verfalles auf diesen Hügeln liegen gesehen, jetzt sahen sie da eine Stadt verjüngter Regsamkeit und Pracht.

Einst war Jerusalem tot, jetzt war es auferstanden.

Sie waren von Jericho hierhergefahren und standen auf dem Ölberg, auf dem alten wundervollen Berge, von wo der Blick so weit in die Runde hinausschwärmen kann. Noch war es die heilige Landschaft der Menschheit, noch ragten die Wahrzeichen, die der Glaube vieler Zeiten und vieler Völker aufgerichtet hatte, aber ein neues, mächtiges, freudiges war hinzugekommen: das Leben! Jerusalem war ein gewaltiger Körper geworden und atmete Leben. Die Altstadt zwischen den ehrwürdigen Mauern hatte sich, soviel man von diesem Aussichtspunkt bemerken konnte, am wenigsten verändert. Sie sahen die Grabeskirche, die Omar-Moschee, und die anderen Kuppeln und Dächer von einst. Nur war manches Herrliche dazu entstanden.

Jener neu schimmernde ausgedehnte Prachtbau zum Beispiel war der sogenannte Friedenspalast. Eine große Ruhe lag über der Altstadt.

Aber anders war das Bild außen ringsum. Da waren moderne Stadtteile entstanden, von elektrischen Bahnlinien durchzogen, breite, baumbesetzte Straßen, ein Häuserdickicht, nur von grünen Anlagen unterbrochen. Boulevards und Parks, Lehrinstitute, Kaufhallen, Prunkgebäude und Belustigungsorte. Es war eine Weltstadt nach den Begriffen des zwanzigsten Jahrhunderts.«

Das historische Zentrum dieser Weltstadt des 20. Jahrhunderts ist ein »internationaler Ort. Privathäuser gibt es in der Altstadt nicht mehr. Alle Gebäude dienen den Zwecken der Wohltätigkeit oder Andacht. Es gibt Pilgerhäuser für die Gläubigen aller Bekenntnisse. Christen, Mohammedaner und Juden haben ihre gemeinnützigen Anstalten, ihre Spitäler und Siechenhäuser, die in bunter Reihe nebeneinander stehen. Ein gewaltiges Viereck nimmt der Friedenspalast ein. Ein modernes Gebäude, in welchem die internationalen Kongresse von Friedensfreunden und Gelehrten aller Wissenszweige abgehalten werden.«

Dieses »internationale« Jerusalem ist das Symbol der Staats-Toleranz. »Zion ist nur dann Zion, wenn Duldung herrscht«, heißt es im Roman. Und im Tagebuch verfügte Herzl unter dem 6. August 1899: »Mein Testament für das jüdische Volk: Machet euren Staat so, daß sich der Fremde bei euch wohl fühlt.« In »Altneuland« gibt es keine Rassengegensätze. Die Araber leben mit den Juden in Frieden und Freundschaft. Und wieso? In Herzls Utopie haben sie durch die Einwanderung der Juden nur gewonnen. Als erstes haben sie überflüssiges Land gut verkauft. Zweitens fanden ihre Armen bei den Aufbauarbeiten bestens bezahlte Arbeit. Drittens verbesserten die moderne Infrastruktur und die florierende Wirtschaft auch ihre Dörfer und Ländereien. Soweit die Vision im Roman. Sie entspricht Herzls fester Überzeugung.

Alex Bein hat in seiner Biographie einen in diesem Zusammenhang äußert aufschlußreichen Briefwechsel zwischen dem ehemaligen Bürgermeister von Jerusalem, Youssuf Zia Alkhaldy, und Herzl aus dem Jahr 1899 veröffentlicht. Der Bürgermeister warnte, »der Widerstand der gegenwärtigen Bevölkerung würde alle Unternehmungen der Zionisten, so anerkennenswert sie seien, verhindern«. Herzl erwiderte: »Sie sehen eine Schwierigkeit in der Existenz einer nichtjüdischen Bevölkerung in Palästina? Aber wer denkt denn daran, sie von dort zu entfernen? Gerade ihr Wohlbefinden, ihren Reichtum würden wir vermehren, indem wir den unseren bringen. Glauben Sie, daß ein Araber, der in Palästina ein Grundstück oder ein Haus im Werte von drei- oder viertausend Francs besitzt, sehr betrübt sein wird, wenn er den Wert seines Bodens auf das Fünffache, das Zehnfache steigen sieht? Das würde aber notwendigerweise mit der Ankunft der Juden geschehen. *Das* müßte man der Bevölkerung verständlich machen, daß sie ausgezeichnete Brüder gewinnt, die diese Provinz wieder fruchtbar machen.«[92]

Wohlstand für alle! Durch technischen Fortschritt, Erfindungsreichtum, qualifizierte Arbeit und Fleiß – das war Herzls Motto. Und auf der Basis dieses Wohlstands lebendige Toleranz. Wer sollte dazu besser befähigt sein als die Juden mit der Erfahrung tausendjähriger Verfolgung und Unterdrückung? »Unser Wahlspruch muß jetzt und immer lauten: Mensch, Du bist mein Bruder.«

Jerusalem, Haifa, Jericho, Tiberias, die frühen Siedlungen, die Küste, die Berge ergeben Reiseeindrücke von einem Pionierland, das viel kleiner ist als der »Goldene Westen« Amerikas, aber viel größer in seinem Mut. Nicht nur Freiheit sollte hier erlangt werden können, sondern auch Gerechtigkeit und Würde für jeden einzelnen. Ein recht unerhörte Utopie.

Kein Wunder, daß Löwenberg bleiben und sogar heiraten will. Selbst Kingscourt braucht nicht mehr die einsame Insel zum Leben.

Kein Wunder aber auch, daß »Altneuland« hämisch, höhnisch, erbittert, böswillig, zynisch, ironisch, wegwerfend kritisiert wurde. Für die Kollegen war die Schrift Tendenz-Kitsch. Die Anhänger der zionistischen Bewegung wunderten sich über die Romanform. Sollte die Idee vom »Judenstaat« nun doch wieder nur ein Märchen sein, ein Stück Literatur? Daran änderte auch Herzls Vorspruch nichts: »Wenn Ihr wollt, ist es kein Märchen.« Und das Nachwort erst recht nicht: »... Wenn

Ihr aber nicht wollt, so ist und bleibt es ein Märchen, was ich Euch erzählt habe.« Also doch wieder: Herzl, der Märchenerzähler.

»Altneuland« wurde kein großer Erfolg, auch wenn es in viele Sprachen übersetzt, in vielen Ländern verlegt wurde. Drei Jahre Arbeit zwischen 1899 und 1902 stecken in diesem Buch. Herzl blieb auch nach seiner »Veröffentlichung die dreifache Figur, die er bisher war: erfolgloser Dichter, erfolgreichster Feuilletonist, in der Lokal- und Weltdiskussion stehender Politiker«.[93]

Die dreifache Figur. Die drei Leben in einem. »Welch ein Konflikt zwischen den Pflichten des Feuilletonisten und den Aufgaben des Staaten- und Bankengründers«, mokierte sich Karl Kraus in der »Fackel«.

Die Kaffeehausgespräche lassen sich gut vorstellen: »Herzl, der Staatsmann schreibt jetzt an einem Roman. Für seine Bank bekommt er jedenfalls kein Geld, von den Rothschilds nicht, der Hirsch-Stiftung nicht, ziemliche Baisse an ›seiner‹ Börse. Für den Komiker Girardi soll er eine neue Rolle geschrieben haben. Die Komödie heißt ›Muttersöhnchen‹, aber kein Theater will es aufführen. Und seine Judenzeitung erreicht auch nicht die Auflage, die er erhofft hat. Es ist ein Wunder, daß die ›Neue Freie Presse‹ ihm immer noch die Stange hält.« Und so ähnlich und so weiter. Kaum jemand ahnte wohl die Existenzängste hinter der glänzenden Fassade dieses stets so elegant auftretenden Mannes. Teuere Wohnungen, teuere Reisen, eine anspruchsvolle Familie mit drei Kindern, für die viele Privatlehrer engagiert wurden, ein »goldener« Lebensstil für Julie.

In seinem Tagebuch hält er am 8. November 1899 fest: »Ich muß enorm arbeiten, um meinen Gebrauch zu decken: ein Stück nach dem anderen (leider hapert's mit der Aufführung). […] Man wird mir wohl auch Vorwürfe machen, wenn es bekannt wird, daß ich als ›Prophet‹ solche basse besogne mache. Aber was soll ich tun? Der Zionismus kostet mich Geld und darf mir nichts einbringen. Andererseits habe ich mir als ›deutscher Schriftsteller‹ ungemein geschadet, und man traut sich nicht recht, mich aufzuführen. In der ›Neuen Freien Presse‹ ist aus demselben Grund auf Avancement nicht zu hoffen. Die Ansprüche an mich wachsen hingegen auf allen Seiten. Schnorrer aller Art kommen zu mir, sogar aus Persien. Für die ›Welt‹, für den Kongreß und die Bank muß ich immer wieder Geld hergeben.«

Zwei Monate später wird Herzls Komödie »I love you« uraufgeführt. Er schreibt: »Gestern hat man mich im Burgtheater bei der Premiere wieder einmal meinen Zionismus entgelten lassen. Zum Schluß des harmlosen Stückes wurde stark gezischt, was offenbar nicht durch das anspruchlose Lustspiel verschuldet sein konnte. Vom Zionismus darf ich nicht leben, von der Literatur soll ich nicht leben.«

Das war *sein* Eindruck. Einer seiner erbittersten Kritiker, der wortgewaltige Karl Kraus, saß auch in der Premiere und giftete: »Was sollte übrigens das öde Händeklatschen dem Manne bedeuten, dem bald das Hosiannah einer anderen national erregten Volksmenge gelten würde! [...] Schon harrte seiner im Hafen von Triest die Galeere, die ihn im Triumph nach jenem Lande führen sollte, das auch von allen gelobt wird. Vergebens drahteten die Herausgeber der ›Neuen Freien Presse‹ noch in letzter Stunde: ›Königreich nicht gründen. Feuilletonhonorar wird erhöht.‹«[94]

Das war ungewollt prophetisch, denn Herzls Gehalt bei der »Freien Neuen Presse« war tatsächlich gerade angehoben worden. In einer dieser existentiellen Auseinandersetzungen mit der Geschäftsleitung, bei denen stets Gehen oder Bleiben verhandelt wurde, bot man ihm die Literatur-Redaktion an und das höchste Gehalt. Außerdem einigte man sich auf »unbefangene Berichterstattung« für den Fall, daß ein praktisches Ergebnis der zionistischen Bewegung zustande käme. Die drei Leben in einem gingen weiter. Der beißende Hohn und Spott ebenfalls.

Noch einmal Karl Kraus: »Es ist gewiß interessant, einen Dichter, der einst, wenn er sprach, das Rathausviertel aufhorchen machte, nunmehr plötzlich alle gesellschaftlichen Zusammenhänge von sich abstreifen zu sehen. Er trennt sich von seiner exotischen Cravatte, die das Ensemble der ›sonderbaren Schmermuth‹ stören könnte, bestellt beim vornehmsten Tailleur ein Gewand à la Sack und Asche und gibt auf die Frage, was ihm denn fehle, immer nur zur Antwort: Die Heimat …!«[95]

»Altneuland« erschien 1903, seine Hauptgeschichte spielt 1923, und genau ein Jahr später, 1924, unternahm Felix Salten eine Palästina-Reise auf der Suche nach dem realen »Altneuland«. Salten war neun Jahre jünger als Herzl, ebenfalls in Budapest geboren und in Wien als Schriftsteller, Feuilletonist und Theaterkritiker berühmt geworden. Er kreierte den anonym erschienenen Dirnenroman »Josefine Mutzenbacher« und erfand die Tiergeschichten von »Bambi«. Und wenn Karl Kraus in der literarischen Szene der erbarmungsloseste Kritiker Herzl war, so war Felix Salten dessen durch nichts zu erschütternder Verehrer. Salten hielt das »Neue Ghetto« für ein wichtiges Zeitdrama und »Altneuland« für einen großen Zukunftstext. »Neue Menschen auf alter Erde«, nannte er seinen Reisebericht – in Anlehnung an »Altneuland« –, der die Wirklichkeit Palästinas von 1924 beschreibt und in vielem der Herzl-Vision sehr ähnlich ist.

»In den breiten, schnurgeraden Straßen von Tel Awiw lebt das Heute. Kein aufregender Schatten der Vergangenheit, nur der lebendige Puls dieser Gegenwart. Biegt man auf der großen Avenue, die zum Strand führt, in eine der Nebengassen, so winken Häuser aus den Dünen. Ohne Trottoir, ohne rechten Weg stehen sie da, auf dem gelben Sandgrund der Dünen und sind eben erst fertig geworden. Sie sind das Morgen. Und weiter draußen, die vielen anderen Häuser, noch von Gerüsten umkleidet, noch im Bau begriffen, stellen das Übermorgen vor. Diese Stadt, in der es keine Vergangenheit gibt, hat nichts als das Heute, kaum ein Gestern, und sonst nur ein höher und größer anschwellendes Morgen und Übermorgen.

Kaum fünfzehn Jahre sind es her, seit hier die ersten Wohnstätten errichtet wurden, in naher Nachbarschaft der jüdischen Quartiere von Jaffa. Dann muß man vier Jahre des Weltkrieges abrechnen, während welcher Zeit nirgendwo gebaut und überall nur zerstört wurde. Dann aber kam ein Aufschwung, wie er im Orient ohne Beispiel ist, ein Tempo, das oft amerikanisch genannt wurde, das aber solch ein Prestissimo hat, daß man die Stadt buchstäblich wachsen sehen kann, wenn man auch nur ein paar Tage bleibt. […]

Jugend ist das Berückende an dieser Stadt. Jugend, Arbeit und ein jugendlich stürmisches Aufstreben. Aus allen Teilen der Erde sind Juden hier zusammengeströmt, aus dem Osten Europas, aus Indien, aus Amerika, aus dem Kapland und aus dem Yemen. Man spricht Englisch, Französisch, Deutsch, Jiddisch, auch Arabisch. Doch alle vereint die offizielle Umgangssprache: das Hebräische.

In den breiten Straßen sausen Automobile, gehen lastentragende Kamele, traben bepackte Esel, und rasche Autobusse besorgen den Verkehr nach Jaffa, das sie in etwa fünf Minuten erreichen. Tel Awiw besitzt Institute, die für ganz Palästina wichtig sind. Das Herzl-Gymnasium in der Herzlstraße gilt als Musteranstalt. Ferner ist eine Handelsschule da und eine Musikschule und außerdem eine landwirtschaftlich gerichtete zoologische Versuchsstation. Jetzt noch ein wenig außerhalb der Stadt, aber bald von ihr erreicht und umschlossen, liegt das Ruttenbergsche Elektrizitätskraftwerk. Das Turbinengebäude ebenso wie das Beamtenhaus sind von monumentaler Schönheit. Ein paar Jahre hat die nahe Nachbarstadt Jaffa von dem jüdischen elektrischen Licht nichts wissen wollen, dann aber die ablehnende Haltung aufgegeben, und jetzt wird die Leitung, die Jaffa mit Licht wie mit Kraft für eine Straßenbahn versieht, fertiggestellt. Man arbeitet eben daran, während ich hier bin.

Dieser Vorgang im Kleinen darf wohl für die ganze Entwicklung im Großen gedeutet werden. Die arabische Bevölkerung wird sich einige Jahre der Elektrizität, mit der das Land von den Juden bildlich und wirklich durchströmt und durchzuckt ist, ablehnend gegenüberstellen. Doch der Tag muß kommen, da sich auch die Araber der gemeinsamen Leitung anschließen, da sie sich der Kraft wie des Lichtes gerne bedienen, die von der jüdischen Aufbaubewegung ausgeht.

Inzwischen gibt es noch trennende Gegensätze, Abneigung, ja sogar Feindseligkeiten auf beiden Seiten genug. Man sieht freilich Araber in den Straßen Tel Awiws; man sieht gruppenweise katholische Nonnen und Geistliche hier spazieren gehen und die Judenstadt betrachten, die so grundverschieden ist von den ›Judenstädten‹ im alten Europa. Sie schlendern hier umher und sehen die schönen Parks, sehen die Kindergärten, darinnen die Kleinen und ihre Pflegerinnen hebräische Lieder singen, sehen die Jungens auf freien Plätzen vor den Schulen ihre Turnübungen vollführen, in ausgezeichneter Disziplin, trotzdem die Lehrer in ihrem Verhalten zu den Kindern ganz kameradschaftlich sind. Sie sehen den fleißigen Betrieb in den Werkstätten, die Ordnung in allen Häusern und in allen Straßen. Es blitzt und blankt hier vor Sauberkeit, wie in irgendeiner Stadt Skandinaviens und nicht wie an der Südostküste des Mittelländischen Meeres.«[96]

Tel Aviv 1924, die Stadt mit 30 000 Einwohnern unter autonomer Verwaltung, das ist – in großen Teilen – real existierendes »Altneuland«. Und Herzl ist überall präsent. Ein ganzes Kapitel widmet Felix Salten dieser Allgegenwart eines Mannes, der im Augenblick dieser Reise-Aufzeichnungen zwanzig Jahre tot ist.

»Immer geht hier eine Gestalt neben mir, schwebt vor mir her auf den Straßen, winkt mir in so vielen Abbildern, von so vielen Wänden zu und lebt in meinen Gedanken: Theodor Herzl. Ich erinnere mich seiner, entsinne mich unserer Gespräche, wenn ich draußen in den Kolonien bin, die zu sehen ihm nicht mehr beschieden war. Und so oft ich da in Jerusalem durch das Jaffator gehe, richtet seine hohe adlige Erscheinung vor meinen Augen sich auf. Er steht da und wartet auf den deutschen Kaiser und es ist eine ganz andere, eine vollkommen veraltete Zeit. Jedesmal habe ich hier gerade am Jaffator die Vision dieses wunderbaren Mannes, der daran starb, daß er seiner Zeit so weit voraus war. […]

Er war ein Mann der Feder und wurde ein Mann der Tat. Er fing als Dichter an und endete damit, seinen stärksten Dichtertraum in Wirklichkeit umzusetzen. Er schien zu einem der eleganten, genießerischen Geister der Literatur bestimmt, und wurde der Märtyrer einer großen Idee. [...]

Könnte er heute aufstehen, sehen, wie die von ihm entfachte Bewegung über das enge Strombett des Zionismus hinausgetreten und fast alle Juden der Welt irgendwie ergriffen hat; könnte er sehen, wie das Heilige Land von jüdischen Siedlern wieder fruchtbar gemacht wird; vernähme er die Botschaft, mit welcher der Völkerbund das alte, historische Recht des jüdischen Volkes in Palästina anerkannt hat, er wäre stolz in dem Bewußtsein, nicht vergeblich gelebt zu haben. [...]

So sehr lebendig ist er heute, zwanzig Jahre nach seinem Tode, daß er immer noch mitten unter uns zu weilen scheint und daß seine Meinungen sich erraten lassen. Sein Bild ist an allen Wänden, in den Siedlungen, in den Schulen in Palästina. Überall wo Juden sich vereinigen, ist dies Bildnis vor ihnen. [...]

So kann es niemals vergessen werden, daß es ein Dichter war, der die Befreiung des jüdischen Volkes unternommen hat.«[97]

Die Befreiung des jüdischen Volkes, die Schaffung des Judenstaates: der Schriftsteller Felix Salten sieht auch die Schattenseiten, die Bedrohung, die Gefahr. Er reist durch keine utopisch menschenleere Zone. Er beschreibt jüdisches Leben in der alten, neuen Heimat, konfrontiert mit Ablehnung und Feindseligkeiten. Es gibt die hellen und die dunklen Seiten des Lebens im real existierenden »Altneuland«, er beschreibt sie ganz genau.

»Am Purimfest wogt eine nach Tausenden zählende Menschenmenge durch die Straßen. Geputzte Kinder, geschmückte junge Mädchen, festlich gekleidete Jünglinge. Und der Flirt blüht. Man tanzt beim Fünfuhr-Tee zum Spiel einer kleinen Salonkapelle in dem hübschen Kasino am Meeresstrand Foxtrot und Shimmy. Man wird am Abend ein paar Bälle haben und Purimspiele. Sogar Araber sind aus Jaffa herübergekommen, um sich hier mit all den anderen zu vergnügen. Nachdem die Sonne herrlich ins Meer gesunken ist, strahlt die ganze Stadt im Lichtglanz der elektrischen Bogenlampen und Glühbirnen.

Musik, Gesang, Lachen und Freude überall in der Menge, die unter diesem milden Himmel sich ergeht, die überströmt ist von der salzigen Luft des Meeres und von dem betäubenden Duft der Orangenblüten, der aus den großen Gärten der Umgebung herüberweht. Aber mitten in der Nacht knallt ein Schuß, kaum gehört im Festklang, der die Straßen erfüllt, und ein Jüngling liegt tot auf dem Pflaster. Es gibt nur eine einzige Meinung darüber: Araber! Niemand weiß, ob das ein momentaner Streit gewesen ist oder das letzte Kapitel einer langen persönlichen Feindschaft, oder ob der junge Mensch einem planmäßigen Terrorakt als zufälliges Opfer fiel.

Tragödie des Anfangs.«[98]

Was so glänzend beginnt, sich so festlich steigert, endet mit Todesschüssen. Der Begriff »planmäßiger Terrorakt« taucht schon auf, der heute zur Erklärung aller Konflikte geworden ist. Salten spricht von der »Tragödie des Anfangs«. Er hofft, daß es eine Tragödie *nur* des Anfangs sei, die nicht bleiben wird im Fortgang der Geschichte. Herzl hat diese Tragödie nie gesehen oder nicht sehen wollen. Felix Salten wünscht, betet und setzt darauf, daß sie aufzulösen sein wird in einer toleranten Gesellschaft der Zukunft. Das war 1924, zwanzig Jahre nach Herzls Tod und in jener Zeit, von der der Roman »Altneuland« handelt.

»Ich habe in diesen Jahren die Entwicklung vom Leben ein Traum zum Leben ein Kampf durchgemacht. Die Welt ist mir nicht mehr Vorstellung, sondern Wille. Es ist merkwürdig, wie die ganze Weltanschauung unwillkürlich und unbewußt einen anderen Zug bekommt, wenn man in solch ein Getriebe gerät, wie es mir passierte.«

Tagebuch, 13. Mai 1901

Auf dem Karussell der Macht

Konstantinopel, London, St. Petersburg 1900–1903

Zu Beginn des neuen Jahrhunderts glichen Herzls Unternehmungen immer mehr einer rasanten Karussellfahrt: auf dem feurigen Rappen zum Sultan. Auf dem schönen Schimmel zum britischen Kolonialminister Chamberlain und gleich weiter zum Außenminister Lord Lansdowne. Auf dem springenden Hirsch zu den Kongressen. Auf dem gelben Löwen zum Innenminister des Zaren Plehwe. Und dann und wann auf dem weißen Elefanten zu Lord Rothschild. Immer im Kreis herum: Konstantinopel, London, Basel, Konstantinopel, St. Petersburg, Basel. Überall geht es um ein Stück Land für den Judenstaat. Über Palästina ließ der Sultan nie verhandeln, er bot Siedlungen in Mesopotamien oder Syrien an. Die Briten offerierten zunächst einen Teil Zyperns und dann eine Ecke in Ostafrika. Herzl hoffte auf die Sinai-Halbinsel und den Raum um El Arish, »leeres Land«, Wüste. Aber alle hochfliegenden Pläne zerschlugen sich. Ost-Afrika wollten seine eigenen Leute nicht. Die anderen Gebiete wurden im Machtpoker wie Karten ausgespielt und schnell wieder zurückgezogen, wenn übergeordnete Interessen dieses geboten. Gleichzeitig nahmen die Judenverfolgungen in Ost-Europa so mörderische Ausmaße an, daß sich Abertausende auf den Weg in den Westen machten. Zerlumpte, halbverhungerte »Fußwanderer« drängten über die Grenzen, wollten nach Deutschland oder England, Amerika oder in die neuen Siedlungen. Irgendwohin, wo man sie überleben ließe. Wie gern hätte Herzl ihnen eine »Heimstatt« verschafft! Aber trotz all seiner aufsehenerregenden Verhandlungen hatte er nichts in den Händen. Noch nicht einmal das Geld, um Land zu kaufen, wenn man es ihm denn angeboten hätte. Nur das Karussell drehte sich. »Unser Leben besteht aus gescheiterten Versuchen«, schrieb er im April 1901, ein paar Tage vor seinem einundvierzigsten Geburtstag.

Dieses *Leben der gescheiterten Versuche* enthält alle Ingredienzien eines politischen Romans oder noch eher eines imaginären Films über einen unbezwingbaren Abenteurer dieser Zeit. Zum Beispiel die Episode mit Seiner Majestät Sultan Abdul Hamid II. in Konstantinopel im Mai 1901.

Szene eins: Hotel Royal, die gleiche Zimmerflucht, die Herzl schon fünf Jahre vorher bewohnt hatte, als er mit Newlinski zum ersten Mal auf eine Audienz beim osmanischen Herrscher hoffte. Newlinski war übrigens auf einer Kurierfahrt 1899 gestorben. So mußte Herzl diesmal ohne eigenen Botschafter auskommen. Er hatte seinen Getreuen Wolffsohn dabei, der vor allem für die Auszahlung der hohen Bakschisch-Gelder zuständig war. Soviel zum Hintergrund. Nun in die Szene: Im Badezimmer mit vielen Spiegeln studiert Präsident Herzl – »nackert«, wie man in Wien sagen würde – seine ergebenste Ansprache an den Sultan ein: »Während ich im Sitzbade vor dem Spiegel saß, spielte ich mir die Unterredung vor, wie sie sich möglicherweise entrollen wird. ›Erlauben Majestät, daß ich in einfachen, offenen, ernsten Worten rede? Ich komme nicht in kleinen Angelegenheiten, sondern um einer großen Sache willen.‹«

Herzl, der Schauspieler, hatte nämlich eine schwierige Rolle vor sich. Der Sultan hatte ausdrücklich den »Directeur« der »Neuen Freien Presse« eingeladen, nicht den zionistischen Politiker. Er erwartete ein Journalisten-Gespräch. Und er hatte übermitteln lassen, daß die türkische Regierung an einer Anleihe von 700 000 bis 800 000 türkischen Pfund interessiert sei. Das war die Ausgangssituation für die Audienz, die Herzl wiederum für *seine* Interessen nutzen wollte.

Szene zwei: Yildiz-Kiosk, der Palast des Sultans. Der Bosporus leuchtete, wie schon fünf Jahre zuvor, und wieder wurde die »schöne osmanische Oper, die man Selamlik nennt, aufgeführt«! Musik, Truppen, Hofstaat, der Padischah fuhr zum Freitagsgebet. Danach begrüßten die Kammerherren die ausländischen Gäste. Der Erste Sekretär Ibrahim Bey teilte Herzl freudestrahlend mit, daß ihm der Sultan die II. Klasse des Medschidije-Ordens verliehen habe.

»Ich dankte verbindlichst und sagte, ich wollte gar keinen Orden haben. Die III. Klasse habe man mir vor fünf Jahren irrtümlich gegeben. Ich nahm sie damals nur aus Courtoisie an, jetzt verzichte ich ganz. Das wenigste, was ich annehmen könnte, sei die I. Klasse. Ibrahim wütete mit großer Höflichkeit in sich hinein: Er werde das dem Sultan melden.«

Und siehe da: der Trick funktionierte. Nur wenig später wurde ihm mitgeteilt, daß ihm nunmehr der Großkordon des Medschidije verliehen worden sei, der höchste Orden für Ausländer nicht-fürstlichen Geblüts. Das war doch wenigstens etwas. Herzl kam sich vor »wie in der Großherzogin von Gerolstein«, einer in Wien sehr beliebten Oper von Jacques Offenbach.

Szene drei: die Audienz. Der Sultan begriff sie als eine PR-Maßnahme. Er erwartete vom Starschreiber der »Neuen Freien Presse« eine positive Hof-Story und vom »reichen Juden mit den guten Beziehungen« schlicht und ergreifend Geld-Tips. Kennt Herzl einen tüchtigen Finanzier, der sich für die Türkei neue Steuern ausdenken könnte, »die nicht zu drückend seien, ähnlich der Zündholzsteuer«?

Herzl hingegen versuchte, »Land gegen Geld« zu diskutieren, obwohl er über keinerlei nennenswerte Mittel verfügte.

Zwei Katzen schlichen um den heißen Brei. Kein Wunder, daß man nach zwei langen Stunden unverrichteter Dinge auseinanderging, Herzl wartete mit seinen Tagebucheintragungen, bis er auf dem sicheren Schiff war, dann aber legte der politische Journalist los. Hier seine Innenansicht von dieser orientalischen Herrschaft zu Beginn des 20. Jahrhunderts: »Ich sehe ihn noch vor mir, diesen Sultan des endenden Räuberreiches. Klein, schäbig, mit dem schlecht gefärbten Bart, der wahrscheinlich nur zum Selamlik, einmal in der Woche, frisch angestrichen wird. [...] Die kraftlosen Hände in zu großen weißen Handschuhen und die unpassenden groben bunten Manschetten. Die meckernde Stimme, die Beschränktheit in jedem Wort, die Furchtsamkeit in jedem Blick. Und das regiert! Allerdings nur scheinbar und nominell. […]

Mein Eindruck vom Sultan war, daß er ein schwacher, feiger, aber durch und durch gutmütiger Mensch ist. Ich halte ihn weder für tückisch noch für grausam, sondern für einen tief unglücklichen Gefangenen, in dessen Namen eine räuberische, infame, verlumpte Kamarilla die äußersten Schändlichkeiten begeht.

Hätte ich nicht die zionistische Bewegung zu besorgen, so ginge ich jetzt hin und schriebe einen Artikel, der dem armen Gefangenen die Freiheit gäbe. Abdul Hamid Khan II. ist ein Sammelname für das schuftigste Spitzbubengesindel, welches jemals ein Land unsicher und unglücklich gemacht hat. Ich habe nie die Möglichkeit einer solchen *troupe de malfaiteurs* auch nur geahnt. Die Ehrlosigkeit der Trinkgeldnehmerei, die an den Toren des Palastes beginnt und erst an den Stufen des Thrones aufhört, ist wahrscheinlich noch das Schlimmste nicht. Alles ist Geschäft, und jeder Beamte oder Funktionär ist ein Gauner. Wenigstens höre ich das von allen Seiten, und was ich von der Wirtschaft kennengelernt habe, läßt mich glauben, daß es keine Verleumdung ist.

Ich kann diese anonyme Bande von Strolchen nur einem giftigen Schlangenbündel vergleichen. Die schwächste, kränkste und unschädlichste Schlange hat ein Krönlein auf.«[99]

Der Sultan-Episode von 1901 folgten noch zwei weitere Visiten in Konstantinopel im Frühjahr und Sommer 1902. Dabei bekam Herzl den Sultan allerdings nicht mehr zu Gesicht. Die Sekretäre verhandelten. Im ersten Gespräch boten sie noch Ansiedlungsbezirke in Mesopotamien und Syrien. Palästina käme auf keinen Fall in Frage. Im zweiten Gespräch ging es nur noch um nichtssagende Briefe, die ausgetauscht wurden. Jegliche Zusagen lösten sich im Nichts auf. »Alles ist ja doch nur Gerede. Sie wollen nichts wirklich.« So endete am 31. Juli 1902 das Abenteuer mit dem türkischen Hof. Versuch gescheitert.

Aber das Karussell drehte sich weiter: Vierter Kongreß in London. Fünfter Kongreß in Basel. Endlich wurde der »Jüdische Nationalfonds« gegründet, der das Geld für den Landkauf einbringen sollte. Nur manchmal sprang Herzl vom Karussell der Mächtigen ab. Für einen Moment Privatleben. Im Sommer 1902 gab es einen solchen Augenblick: Papakám lag im Sterben.

Am 9. Juni saß Herzl abends in Paris unbeschwert im Theater. Als er ins Hotel zurück kam, fand er das Telegramm seiner Frau: »Papa schwer krank. Reise sofort Wien.« In der Nacht noch, nachdem er gepackt hatte und nicht schlafen konnte, schrieb er: »Das ist der Tod. [...] Der Rest der Nacht wird schwer zu verbringen sein. Dieses Buch muß herhalten. Ich glaube, ich war meinem Vater, der unendlich viel für mich getan hat, ein treuer, dankbarer, respektvoller Sohn alle Zeit. Wieviel hat er mit mir durchgemacht, mich gehalten, mich getröstet, nachdem er mich so lange Zeit gebildet und erhalten hatte. Die Reisen, auf denen ich soviel lernte, verdanke ich alle ihm. Nun bin ich nicht zu Hause, da er die Augen schließt. [...] Wieviel bin ich ihm schuldig geblieben, obwohl ich kein schlechter Sohn war. Wie ein Baum ist er neben mir gestanden. Jetzt ist der Baum weg.«[100]

In Wien ließ er den Vater »provisorisch« beerdigen. Er war fest davon überzeugt, daß die Familie Herzl auf die Sinai-Halbinsel übersiedeln und dort ein Familiengrab einrichten würde.

Ein paar Tage nach der Beisetzung notierte er: »Alles geht vorüber. Jetzt sitze ich wieder am Schreibtisch und habe von meinem Vater nichts mehr als sein Bild, das vor mir steht. Er ist ganz fort aus meinem Leben. Nur dieses Bild sagt mir, wie der ausgesehen hat, den ich nicht mehr sehen werde.«

Dann geht es wieder zurück aufs Karussell! In jenen Sommerwochen hatte die englische Regierung eine »Royal Commission for Alien Immigration« einberufen, eine Ausländer-Einwanderungs-Kommission. Politik, liberales Bürgertum und die assimilierten Juden fürchteten negative Auswirkungen der Massenzuwanderung aus Ost-Europa. Die armen Flüchtlinge bettelten, hausierten und verdingten sich zu jedem Preis in den englischen Städten. Es hieß: wenn dies so weiterginge, käme es zu einer regelrechten antisemitischen Bewegung auch in England.

Also Einwanderungsstop? Die Österreicher hatten einfach ihre Grenzen dichtgemacht. Aber auf der britischen Insel galt das Prinzip des freien Asyls. Man müßte ein neues Recht schaffen. Die Royal Commission hatte wahrlich keine leichte Aufgabe. Sie lud deshalb Experten aus ganz Europa zur Anhörung. Auch den Zionisten-Präsidenten Herzl. Der erkannte sofort, daß er mit dieser Einladung zum ersten Mal einen politischen Hebel in der Hand hielt. Eine Rede vor der Königlichen Kommission! Das war die Öffentlichkeit, die er so lange gesucht hatte. Dort würde er auf das Elend der Ost-Juden aufmerksam machen können *und* auf *seine* Lösung des Problems. Wer die armen Massen nicht will, muß ihnen einen »Heimstatt« schaffen. Eine Chartered Company unter britischem Schutz. Ganz einfach. Oder sich zu einem restriktiven Asylgesetz bekennen. Kein besonderes Ehrenzeichen für das Königreich. Herzl war Feuer und Flamme, was seine eigene Einlassung vor der Kommission anging. Und dann hatte er noch einen zweiten Joker, den er ausspielen konnte. Die englischen Rothschilds mußten ihn jetzt ernst nehmen. Gerade ihnen konnte nicht egal sein, was der berühmte Doktor Herzl der Royal Commission vortragen würde.

Also: Grundsatzgespräch mit Lord Nathaniel Rotschild am 4. Juli 1902, London, New Court.

»Genau um eins ging ich durch das Tor, ließ mich dem Herrn der Bankheerscharen melden und wurde in ein Zimmer geführt, in dem es sehr kaufmännisch aussah. Kisten mit Warenproben in den Ecken usw.

Ich wartete keine Minute, da kam schon *his Lordship*, ein gut aussehender anglojüdischer alter Gentleman, sehr schwerhörig.

Wir setzten uns einander bequem gegenüber an den Tisch und er begann seine Dummheiten auszukramen. [...]

An *Zionism* glaube er nicht. (Wir sprachen nach einigen einleitenden englischen Worten deutsch.) Er sei kein Zionist. Wir würden Palästina nie bekommen usw. Er sei ein Engländer und wollte einer bleiben. Er ›wünsche‹, daß ich der Alien Commission dies und jenes sage und dies und jenes nicht sage.

Da wurde mir die Sache zu dumm. Ich hatte ihm schon ein

paarmal Zwischenbemerkungen gemacht. Jetzt aber fing ich an, ihn so zu überschreien, daß er verblüfft und geblendet das Maul hielt.

›Ich werde der Kommission sagen, was ich für gut finde und wovon ich überzeugt bin. Das ist immer meine Gewohnheit, und so werde ich es auch diesmal halten. [...] Ich werde einfach sagen, welche ungeheure Misere im Osten ist, und daß die Leute sterben oder weg müssen. Die rumänische Not kennen wir seit 97; man hat die Kongreßpetitionen nirgends beachtet. In Galizien ist es vielleicht noch schlimmer. Dort gibt es über 700 000 Elende. Die werden sich auch in Bewegung setzen.‹

Mylord sagte: ›Ich wünsche, daß Sie das der Kommission nicht sagen. Sonst kommt ein Restriktionsgesetz.‹

Da wurde ich massiv: ›Gewiß werde ich es sagen! Ganz gewiß! Darauf können Sie sich verlassen.‹

Da riß er den Mund auf, klingelte und ließ seinen Bruder Leopold rufen.

Vor dem wiederholte ich das Vorherige und fügte hinzu, daß die *Jewish charity* eine Maschine zur Unterdrückung der Notschreie geworden sei.

Mylord jammerte: ›Das will er der Kommission sagen.‹

›Ich wäre ein schlechter Kerl, wenn ich nur das sagte, was zur Restriktion der Einwanderung führen könnte. Aber ich wäre einer jener schlechten Kerle, denen die englischen Juden ein Standbild aus Dankbarkeit setzen müßten, weil ich sie vor dem Zufluß der Ostjuden bewahre, und damit vielleicht vor Antisemitismus. Ich habe jedoch einen Platz zur Abhilfe, und den will ich der Kommission sagen.‹

Da unterbrach Mylord und fragte, ob ich mit ihnen frühstücken wolle.

›Gern.‹

Und wir gingen hinüber in den Speisesaal, wo ich Lord Rosebery's Sohn und später Alfred, den dritten Rothschild, ein ebensolches Geisteskind, kennenlernte. [...]

Nach dem Kaffee ging ich an seinen Schreibtisch und fragte: ›Wollen Sie jetzt mein *scheme* hören?‹

›Ja.‹

Ich rückte mir den Stuhl dicht an sein besseres Ohr und sagte: ›Ich will von der englischen Regierung einen Charter für Kolonisation verlangen.‹

›Sagen Sie nicht Charter. Das Wort klingt jetzt schlecht.‹

›Nennen wir's wie Sie wollen. Ich will eine jüdische Kolonie im britischen Besitz gründen.‹

›Nehmen Sie Uganda!‹

›Nein. Ich kann nur das brauchen …‹ Und weil noch Leute im Zimmer waren, schrieb ich auf einen abgerissenen Zettel, den ich hier zum Andenken einklebe: ›Sinai-Halbinsel, Ägyptisch-Palästina, Cypern.‹ Und fügte hinzu: ›Sind Sie dafür?‹

Er überlegte schmunzelnd und antwortete: ›Sehr!‹

Das war der Sieg. […]

Während ich mit Mylord sprach, schickte mir Leopold eine Einladung zu seiner *garden-party* am Montag. Die Kolonialpremiers würden alle kommen.

›Kommt Chamberlain?‹ fragte ich. ›Nur der interessiert mich.‹ Leopold wußte es nicht.«[101]

Drei Tage später hatte Herzl seinen vielbeachteten Auftritt vor der Königlichen Kommission. Er war unzufrieden mit sich selbst: »Ich sprach und verstand schlecht Englisch, machte manchen Fehler der Vorsicht.« Gott sei Dank gab es am Nachmittag die Garden-Party der Rothschilds, wo er von allen Seiten bestaunt und befragt wurde »und damit dem Zionismus vielleicht bei den *upper Jews* mehr nützte, als durch alle meine bisherigen Reden und Taten«. Er war jetzt eine *celebrity*, ein prominenter Gast aus einer anderen Welt, mit dessen anderer Welt man sich in der englischen Gesellschaft und Politik zu befassen anfing.

Am 10. Juli kam es zur zweiten Unterredung mit Rothschild. Herzl legte ihm die Pläne für Sinai und Ägyptisch-Palästina vor. Er bezog sich auf Lord James, den Vorsitzenden der Königlichen Kommission, der signalisiert hatte, diesen Plan zu unterstützen, für den Fall, daß Rothschild mitzöge. Aber Rothschild machte klar: »Ich will in keinem Fall ein großes Experiment machen. Nur klein, höchstens 25 000 Ansiedler.« Herzl hielt dagegen: »Ich mache es nur groß oder gar nicht!« So gingen beide auseinander.

Einen Monat später erhielt Herzl von Nathaniel Rothschild folgenden Brief: »Der Gedanke einer rein jüdischen Kolonie erschreckt mich zutiefst. Eine solche Kolonie wäre ein imperium imperio: ein Ghetto mit den Vorurteilen des Ghettos; ein kleinlicher jüdischer Staat, orthodox, unduldsam, der Christen und andere Nichtjuden ausschließt.«

Herzl bedankte sich für dieses »freundschaftlich-gegnerische Schreiben« und erwiderte: »Daß das jüdische Gemeinwesen, das ich errichten möchte, klein, orthodox und illiberal sein muß, kann ich nicht zugeben. Ich habe drei Jahre lang an einer zusammenhängenden Antwort auf dieses und ähnliches Bedenken gearbeitet.

Es ist ein Buch unter dem Titel *Altneuland* geworden, das in einigen Wochen erscheinen wird, und Sie sollen unter den ersten sein, denen ich es schicke.

Nur eins möchte ich schon jetzt sagen. Waren die Begründer der Staaten, die jetzt groß sind, mächtiger, klüger, gebildeter, reicher als wir heutigen Juden? Arme Hirten und Jäger haben Gemeinwesen gegründet, die dann Staaten wurden. In unserer eigenen Zeit haben Griechen, Rumänen, Serben, Bulgaren sich etabliert – und wir vermöchten es nicht?

Unsere Rasse ist in allem tüchtiger als die meisten anderen Völker der Erde. Das ist ja die Ursache des großen Hasses. Wir hatten nur bisher kein Selbstvertrauen. An dem Tage, wo wir an uns glauben, ist unsere moralische Misere zu Ende. Natürlich wird es immer Kämpfe und Schwierigkeiten nach innen und außen geben. Aber welches Land, welcher Staat hat die nicht?«

Ende Oktober 1902 drehte sich das Karussell wieder auf Hochtouren. Herzl traf den Kolonialminister Joe Chamberlain, der auf ihn wie ein »nüchterner Schraubenfabrikant« wirkte, der sein Geschäft ausdehnen will. »Das Wunderbarste an der Unterredung war, daß er sich nicht genau in den britischen Besitzungen auskannte, über die er jetzt zweifellos verfügt. Es war wie in einem großen Trödelgeschäft, dessen Führer nicht genau weiß, ob irgendein absonderlicher Gegenstand in den Magazinen existiert. Ich brauche ein Versammlungsland für das jüdische Volk. Er will mal nachsehen, ob England so was auf Lager hat.«[102]

Sie blätterten im Atlas. Chamberlain war durchaus bereit zu helfen, wollte aber von Herzl einen Punkt in den englischen Besitzungen gezeigt bekommen, wo es »noch keine weißen Menschen gäbe«! Sie fanden nichts Rechtes. Wegen Sinai und El Arish müßte Herzl mit dem Außenminister reden. Also, ein Haus weiter in der Downing Street zu Lord Lansdowne. Dieser war auch recht zuvorkommend, verwies ihn aber an den Statthalter vor Ort, Lord Cromer. Das leere, wüste Land müßte genau erforscht werden, bevor man irgendwas versprechen könnte. Herzl bot an, eine Studienkommission nach Ägypten zu schicken. Im Tagebuch hielt er fest: »Ich glaube, das war ein erfolgreicher Tag.« Im Hause Rothschild gab es Stunden später nur »leere Tischgespräche«. Herzl erkühnte sich und sagte Seiner Lordschaft: »Wenn wir die Konzession kriegen, müssen Sie mir die Fünf-Millionen-Pfund-Company machen. Ohne Sie geht es schwer, wenn überhaupt.« Rothschild überging die Bitte.

Und immer wieder das Herz. Das Karussell dreht sich schneller und schneller. Die Zahl der *gescheiterten Versuche* nimmt zu. Die Eintragungen im Tagebuch, in denen er seine Erschöpfungszustände und Erkrankungen, Anfälle und Zusammenbrüche beschreibt, werden häufiger.

21. Juni 1900 in Wien
»Gestern hatte ich im Bureau der ›Welt‹ einen Anfall von Gehirnanämie, während ich mit den Leuten sprach. Ich hatte plötzlich eine Verdunkelung des Bewußtseins und Trübung der Wahrnehmungen, während welcher ich aber mich selbst genau beobachtete und mit den Sekretären Witze machte. […] Der Arzt befiehlt zwei bis drei Tage Erholung. Kaum durchführbar.«

10. August 1900, vor dem 4. Kongreß in London
»Im Bett. Seit drei Tagen liege ich im Bett. Am Tage meiner Ankunft packte mich ein schwerer Schüttelfrost, als ich, mich krank fühlend, ins Bett wollte. Gleich hatte ich 39,9 Hitze. Es sah wie Malaria oder kommende Lungenentzündung aus. Zwei schlaflose Nächte im Fieber. Ich glaubte nicht mehr, daß ich den Kongreß würde eröffnen können. Heute nacht Besserung eingetreten. Doch bin ich noch sehr schwach!«

30. November 1900 in Wien
»Ich fühle mich à bout de forces und habe seit einigen Tagen schwerere Defaillancen als je. Der Gedanke, mich zurückzuziehen, befällt mich eigentlich erst jetzt mit Gewalt.«

5. Juni 1901 in Paris
»Gestern abend wieder ein Anfall von Gehirnanämie. In einem solchen werde ich einmal bleiben. Ich befand mich auf einer Spazierfahrt im Bois, als ich im Wagen ohnmächtig wurde. Ich legte mich zuerst auf zwei Stühle im Dickicht und fuhr dann mit stark vermindertem Bewußtsein nach Hause. Heute bin ich wieder wohler. Aber meine Nerven sind hin.«

7. November 1902 in Wien
»Ich bin *broken down*. Bei der Jahreskonferenz, und was drum und dran, ermüdete ich mich so, daß ich seit Sonntag alle möglichen Herzzustände habe. Die ganze Woche schleppe ich mich hin, unfähig, ein paar Zeilen zu schreiben. Heute endlich habe ich mich bei der ›Neuen Freien Presse‹ krank gemeldet.«

Der 42jährige ist am Ende seiner Kraft, macht aber rücksichtslos gegen sich selbst weiter. Wie hatte er als Pariser Korrespondent den Anarchisten Ravachol beschrieben? Als einen »Mann, besessen von der Wollust der großen Idee«. Wie genau sich diese Definition auch auf ihn übertragen läßt! Die drei Leben in einem gehen weiter. Der Roman muß noch zu Ende geschrieben werden. Zwei Lustspiele stehen zur Aufführung an. Der nächste Kongreß ist vorzubereiten, eine endlose

Korrespondenz zu bewältigen. Unverändert bleiben die Redaktionsaufgaben für die »Neue Freie Presse« und die »Welt«. Dem nächsten Zusammenbruch folgt eine neue Aufgabe. Dem letzten *gescheiterten Versuch* folgt der nächste.

Die Expedition nach Kairo

Anfang 1903 setzte er alle Hoffnung auf das Sinai-Projekt. Die Studienkommission wurde auf den Weg geschickt. Oberst Goldsmid, der unermüdliche Daniel Deronda, besorgte Generalstabs- und Admiralitätskarten und einen in Sachen Bewässerung besonders erfahrenen Ingenieur, G. H. Stephens. Sie fuhren im Januar voraus, Herzl im März hinterher. Nach Kairo. Die Unterredung mit Lord Cromer gestaltete sich äußerst schwierig. Er traf auf »eine Spur von Tropenkoller und unbeschränktem Statthaltertum«. Seine Kommission kam von der Erkundungstour mit dem Ergebnis zurück: »Unter jetzigen Umständen unbesiedelbar – aber, wenn Wasser herbeigeschafft wird, besiedelbar.« Lord Cromer lehnte daraufhin das Projekt ab. Chamberlain war ratlos, bot jetzt Uganda an.

Am 16. Mai 1903 zog Herzl in seinem Tagebuch ein besonderes Fazit: »Ich hielt die Sinai-Sache für so fertig, daß ich keine Familiengruft mehr auf dem Döblinger Friedhofe kaufen wollte, wo mein Vater provisorisch ruht. Ich halte die Sache jetzt für so gescheitert, daß ich schon auf dem Bezirksgericht war und die Gruft Nr. 28 erwerbe.«[103]

So resignativ diese Eintragung klingt, Herzl hatte schon wieder einen neuen Plan. Das heißt, eigentlich war es der alte Plan: Palästina! Dem Sultan mußte man doch endlich Palästina abringen können. Diesmal mit Hilfe des Zaren. Seit langem waren Pogrome, Massaker und Unterdrückung der Juden in Rußland an der Tagesordnung. Ostern 1903 wurde allerdings die Weltöffentlichkeit aufmerksam, als eine tagelange Metzelei in der bessarabischen Gouvernementhauptstadt Kischinew stattfand. 43 Tote, 495 Verletzte, 600 geplünderte Geschäfte,

700 zerstörte Häuser hieß die bestialische Bilanz. Polizei und Armee rückten an, als alles vorbei war. Seitdem flohen Abertausende Juden, nach Schätzungen über 40000, aus dem Süden Rußlands und irrten durch Europa. Vielleicht war das die Chance für Verhandlungen über ein *russisches* Protektorat in Palästina. Jahrelang schon hatte Herzl Briefe und Denkschriften nach St. Petersburg geschickt und den Großherzog von Baden und den Hessischen Großherzog Referenzen ausstellen lassen. Nie hatte er eine Antwort erhalten, an die sich irgend etwas hatte anknüpfen lassen. Trotzdem schrieb er kurz nach dem Pogrom von Kischinew folgenden Brief an den russischen Innenminister Plehwe:

»Exzellenz wird mein Name vielleicht als Führer der zionistischen Bewegung bekannt sein. Die beklagenswerten Ereignisse von Kischinew drücken mir die Feder in die Hand – aber nicht, um über das Unabänderliche zu klagen.

Ich höre aus verläßlichen Quellen, daß sich der Juden in Rußland eine Verzweiflung zu bemächtigen beginnt. Sie glauben, daß sie schutzlos den bösen Instinkten des Pöbels ausgeliefert seien. Die Folge ist, daß die älteren Leute in ihrer wirtschaftlichen Tätigkeit von lähmendem Schrecken erfaßt werden und daß die jüngeren den Lehren der Revolution zu lauschen anfangen. Fünfzehn-, sechzehnjährige Kinder, die den revolutionären Wahnsinn gar nicht verstehen, den man ihnen predigt, lassen sich von den Gewalttheorien betören.

Es war in den vergangenen Jahren der Ruhm der zionistischen Bewegung, all diesen Unglücklichen ein höheres Ideal, das sie tröstete und beruhigte, geschenkt zu haben. Eurer Exzellenz kann das nicht unbekannt geblieben sein.

Nun wird mir von sehr ernsten Leuten mitgeteilt, daß es ein Mittel gäbe, die verzweifelte Stimmung unserer armen Leute sofort zu beruhigen, und das wäre: daß mir S. M. der Zar eine Audienz gewähre.«[104]

Ob es dieser Brief war oder die Vermittlung einer einflußreichen Dame der Petersburger Gesellschaft, Paulina Korvin-Patrowskaja, Herzl erhielt jedenfalls eine Einreisegenehmigung und den Termin für eine Unterredung mit Seiner Exzellenz, dem Innenminister, in jüdischen Kreisen Rußlands unter dem Namen »der Schlächter von Kischinew« bekannt. Ja, mit »sentiments kann man keine Politik betreiben«, erwiderte Herzl, wenn man ihn darauf hinwies, wem er da seine Aufwartung machte.

Zehn Tage St. Petersburg im August 1903. Das bedeutete zwei Gespräche mit dem Innenminister, eins mit dem Finanzminister, eins mit dem Direktor des Asiatischen Departments im Außenministerium, zuständig für die Türkei.

Die Audienz mit dem Zaren kam nicht zustande. Die Verhandlungen in der Sache blieben äußerst vage. Die Einblicke in die Machtstruktur des sich langsam auflösenden Zarenreiches und die offen antisemitischen Haltungen seiner Granden waren deprimierend. Hier im Wechsel ein paar Grundaussagen der beiden mächtigen Minister, wie sie Herzl in seinem Tagebuch dokumentiert:

Finanzminister Graf Witte: »Es gibt ehrenhafte Vorurteile und unehrenhafte Vorurteile. Der Zar hat rein ehrenhafte Vorurteile gegen die Juden – sie sind hauptsächlich religiösen Charakters.«

Innenminister Plehwe: »Die fremden Regierungen und die öffentliche Meinung des Auslands haben es leicht, eine großmütige Attitüde anzunehmen und uns Vorwürfe zu machen. Wenn es sich aber darum handelt, zwei bis drei Millionen armer Juden bei sich aufzunehmen, ist von solcher Aufnahme keine Rede. [...] Uns wäre darum die Errichtung eines unabhängigen Judenstaates, der einige Millionen Juden aufnehmen könnte, am liebsten.«

Wieder der Finanzminister: »Was wollen Sie von unserer Regierung? Ermutigung zur Emigration? Aber wir geben den Juden doch jede Menge Ermutigungen: Fußtritte zum Beispiel.«

An dieser Stelle der Unterhaltung heißt es im Tagebuch: »Auf diese dumme Brutalität antworte ich, indem ich mich ruhig und kalt aufrichtete und eisig erwiderte: ›Das sind nicht die Ermutigungen, von denen wir reden, die sind uns zur Genüge bekannt.‹«

Aber Graf Witte ließ sich überhaupt nicht beirren, sondern setzte fort:

»Man muß doch zugeben, daß die Juden auch Anlaß genug zur Feindschaft geben. Sie haben eine charakteristische Arroganz an sich. Die meisten aber sind arm, und weil sie arm sind schmutzig und machen einen widerwärtigen Eindruck, betreiben Kuppelei und Wucher. […] Und neuerlich kommt noch die Teilnahme der Juden an den Umsturzbewegungen hinzu. Während von den 136 Millionen unserer Bevölkerung nur sieben Millionen Juden sind, ist ihre Beteiligung an den Umsturzparteien ungefähr 50 Prozent.«

Und noch einmal der Innenminister: »Ich verhehle nicht, daß die ökonomische Lage der Juden im Ansiedlungsrayon schlecht ist. Ich gebe auch zu, daß sie da immerhin wie in einem Ghetto leben, aber es ist doch ein großes Ghetto, es sind 13 Gouvernements. […]

Ja, wenn ich ein Jude wäre, so wäre ich wahrscheinlich auch ein Feind der Regierung.«

Und schließlich noch einmal der Finanzminister: »Ich pflegte dem verstorbenen Kaiser Alexander III. zu sagen: ›Majestät, wenn es möglich ist, die sechs oder sieben Millionen Juden im Schwarzen Meer zu ersäufen, bin ich damit vollkommen einverstanden. Wenn es aber nicht möglich ist, so muß man sie leben lassen.‹ Das ist auch meine Ansicht geblieben. Ich bin gegen weitere Bedrückungen.«

Beide Minister legten im übrigen Wert auf die Feststellung, daß sie »Freunde der Juden« seien. Plehwe erzählte, wie er als Kind in Warschau mit jüdischen Kindern gespielt habe. Und Witte wies süffisant darauf hin, daß er »immerhin« mit einer Jüdin verheiratet sei, per Sondererlaubnis des Zaren Alexander III., und Herzl fragte sich, was er wohl von den Russen zu hören bekommen hätte, die keine »Freunde« der Juden waren. Von ihnen sollte es schließlich mehr als genug in Rußland geben.

Am 16. August 1903 war der Spuk der St. Petersburger Gespräche beendet, die Herzl trotz allem sichtlich genossen hatte. Die Herren waren ja so mächtig und wichtig. Er reiste mit der Zusicherung ab, daß man »zu gegebener Zeit« in Konstantinopel intervenieren würde. Wann auch immer das sein könnte, blieb ungewiß.
Die Rußlandreise hatte einen Epilog.

Dreizehn Stunden zwischen zwei Zügen in Wilna

»Haben Sie überhaupt eine Ahnung davon, unter welchen Bedingungen wir in Rußland leben?« Diese Frage ist Herzl immer wieder gestellt worden. Und er hatte natürlich keine Ahnung. Der kurze Aufenthalt in Wilna auf der Rückreise von St. Petersburg war die einzige Konfrontation mit der Wirklichkeit jüdischen Lebens im »Ansiedlungsrayon«, wie das große Ghetto der dreizehn Gouvernements hieß, von dem der Innenminister gesprochen hatte. Wilna, die litauische Stadt mit 160 000 polnischen, russischen, litauischen und jüdischen Einwohnern hatte den Beinamen »Das Russische Jerusalem«. Und hier wurde Herzl an dem einen kurzen Augusttag 1903 wie ein Heilsbringer erwartet. Hunderte standen schon auf dem Bahnsteig, als der Zug aus St. Petersburg ankam. Dabei war so gut wie alles vom Polizeichef verboten worden, was »Aufsehen« hätte erregen können. Ein Bankett in der Stadthalle: untersagt. Ein Besuch in der Hauptsynagoge: untersagt. Ein Gang durch das Ghetto im Ghetto, dem Wohn- und Arbeitsviertel der Armen: untersagt. Jeder Schritt Herzls wurde observiert. Die geheimen Polizei-Protokolle wurden nach dem Ersten Weltkrieg zufällig als Altpapier von einem Ingenieur Idelsohn aufgekauft, gelesen und der jüdischen Historisch-Ethnographischen Gesellschaft in Wilna übergeben. Ihr Titel: »Die Angelegenheit betreffend den jüdischen Publizisten und Vorsitzenden der Zionisten, Herzl, begonnen am 3. August 1903.«[105] Sie listen die Namen der Örtlichkeiten, der Anwesenden und sogar Satzfetzen dessen auf, was gesagt wurde. Trotz aller Restriktionen wurde Herzl geehrt, gefeiert und bestürmt weiterzumachen. Mit List und Tücke gab es einen kurzen Abstecher ins Ghetto, Gespräche mit den Handwerkern, einen Empfang im Verwaltungsgebäude der Synagoge und ein Bankett in der außerhalb der Stadt gelegenen Sommervilla des Kaufmanns Ben Jakob, in Werki, wo Juden nur mit Sondererlaubnis wohnen durften. Auch dort hatten die Spitzel ihre Augen und Ohren. Auszug aus dem Rapport an den Polizeichef von Wilna:

»In der Villa war ein Mittagessen für 30 Personen vorbereitet. Dieses wurde von dem Küchenmeister Plotnikoff, wohnhaft in Wilna, Breite Straße, Haus Adamowicz, zubereitet.

Bis zum Servieren des Mittagsmahles war die Gesellschaft, etwa 30 Personen, im Garten versammelt, wo Doktor Herzl in deutscher Sprache eine Rede hielt, die von den Anwesenden entblößten Hauptes angehört wurde. Es gelang mir, von Herzls Worten das Folgende aufzufangen: ›Dazu müssen wir unbedingt Stellung nehmen und kategorisch fordern, widrigenfalls bleiben sowohl wir als auch unsere … wie ausgequetschte Zitronen.‹ Unter den Versammelten befanden sich: der Wald-Großkaufmann Meretzki, der Bankier Eliaschsohn, Dr. Kohn, Dr. Wigodzki und die Hausbesitzer Solz und Parnes. Die übrigen Personen sind mir nicht bekannt.

Nach Beendigung der Reden begaben sich alle Anwesenden zum Essen auf die Veranda, um welche sich an die 30 Personen, Jugendliche beiderlei Geschlechts, versammelt hatten, die in jüdischer Sprache Lieder sangen, in denen öfters das Wort ›Zion‹ vorkam.«[106]

Gespenstisch wurde es in der Nacht. Vor dem Hotel und in den Straßen zum Bahnhof hatte sich eine Menschenmenge versammelt. Es war eine heiße Augustnacht, man flanierte, wartete, vielleicht würde man den berühmten Besucher irgendwie sehen, treffen, vielleicht würde er auch ein paar Worte sagen. Viele warteten auf dem Bahnhofsvorplatz – bis Polizei und berittene Kosaken »aufräumten«. Auf dem Bahnsteig standen die Männer, die mit ihm in diesen wenigen Stunden hatten reden können. Sie sahen sonderbar aus. Sie hatten Koffer dabei. Sie taten so, als seien sie Reisende. Nur so waren sie überhaupt an den Polizisten vorbeigekommen, die den Bahnhof hermetisch abgesperrt hatten. Das war der Abschied. Herzl, der weltgewandte, wortgewaltige Verhandler hatte fast die Sprache verloren. »Meine Herren, verlieren Sie nicht den Mut«, sagte er, »es wird eine bessere Zeit kommen, es muß ja besser werden, dafür arbeiten wir.« Als der Zug abfuhr, sah er noch einmal das Bild aller Bilder: die Männer mit den Koffern, die auf dem Bahnsteig zurückblieben.

Das Karussell, das Karussell. Nach der Rußlandreise ging es sofort weiter nach Basel zum nächsten Kongreß. Sein Tagebucheintrag liest sich wie eine Mischung aus Telegramm und Abschiedsgedicht:
»Der sechste Kongreß.
Das alte Treiben.
Ich habe Herzustände vor Ermüdung.
Wenn ich es um Dank täte, wäre ich ein großer Narr.«
Der Kongreß wurde eine Katastrophe. Er konnte den Delegierten nichts Konkretes vorlegen, außer dem englischen Angebot, in Uganda zu siedeln. Uganda! Genau das aber wollte die Mehrheit der Kongreßteilnehmer auf keinen Fall. Herzl hielt Uganda für eine Zwischenlösung. Wenn es erst einmal ein Land für die Juden unter dem Protektorat einer europäischen Großmacht geben würde, ließe sich über Palästina besser verhandeln, war sein Standpunkt. Außerdem wäre Tausenden der Ärmsten der Armen mit einem freien Leben sogar in Afrika geholfen. »Kischinew ist überall«, stellte er fest und appellierte, »die Juden zu retten, welche noch zu retten sind. Es ist höchste Zeit.« Aber das überzeugte nicht. Man nannte ihn einen Verräter an der palästinensischen Sache, einen Despoten, einen Traumtänzer, einen Märchenerzähler. Die Abstimmung, wenigstens eine Studienkommission nach Uganda zu schicken, um die dortigen Verhältnisse zu prüfen, gewann er zwar knapp. Aber sein Ansehen war demontiert. Ein Riß ging durch die An-

hängerschaft. Wo in den Jahren zuvor Zustimmung, Begeisterung, Verehrung herrschten, schlugen ihm nun auch kalte Ablehnung, vielfache Kritik, ja sogar Haß entgegen. Es war das Ende seiner großen Zeit, und er wußte es selbst. Völlig erschöpft von der Schlußsitzung, hielt er seinen engsten Freunden Nordau, Cowen und Zangwill in einem Hinterzimmer »Die Rede vom siebten Kongreß, wenn ich ihn erlebe«. In dieser Rede sieht er voraus, daß Palästina auf absehbare Zeit nicht als »Judenstaat« zu gewinnen ist, und kündigt seinen Rücktritt als Präsident an. Schlußwort: »Ich werde diejenigen, die sich dem schönen Traum hingeben, mit meinen Wünschen begleiten. Durch das, was ich getan, habe ich den Zionismus nicht ärmer, aber das Judentum reicher gemacht. Adieu!«

Das Karussell hielt plötzlich an. Zwar nur in seiner Vorstellung, aber immerhin: Es kam auf hellsichtige Weise zum Stehen.

Das war im Herbst 1903. In Wien war Karl Lueger inzwischen Oberbürgermeister geworden. »Hoch Lueger!« riefen seine Anhänger, wann immer sie den berüchtigten Antisemiten sahen. 200 000 Juden lebten in der Stadt, 60 000 davon in einem Armenghetto ohne Mauern, und jede Woche kamen neue Zuwanderer aus dem Osten hinzu.

»Man's life is short.«
Tagebucheintrag vom 24. April 1903

»Machet keine Dummheiten, während ich tot bin.«
Brief an Wolffsohn, 6. Mai 1904

Altneuzeit
1904/2004: Tod und Erbe

1. Januar 2004: Die Tageszeitung »Die Welt« widmet eine ganze Seite ihrer Neujahrsausgabe dem Thema: »Frankreichs Juden haben Angst«. Es geht um die neue, alltägliche Gewalt moslemischer Einwanderer gegen die Juden. Zitat: »Wurde früher ein Rabbiner angepöbelt oder ein jüdischer Schüler drangsaliert, ging ein Aufschrei der Entrüstung durch die Medien. Heute stehen solche Nachrichten unter ›Vermischtes‹: Brandsätze gegen Synagogen, Schläge für jüdische Jugendliche in Paris, Hakenkreuze auf jüdischen Grabsteinen.«

Drei Tage später veröffentlicht die »Financial Times« einen großen Artikel, in dem der Präsident und der Generalsekretär des Jüdischen Weltkongresses beklagen, daß einige europäische Regierungen den wachsenden Antisemitismus in ihren Ländern nicht besonders ernst nehmen. Zitat: »Der oberste Rabbiner von Frankreich erklärt, daß es vielleicht besser sei, als Jude statt der Kipa eine Baseballkappe zu tragen.«

1. Januar 1904: »Happy New Year!« schrieb Herzl in der Silvesternacht seinem Freund Joseph Cowen nach London, »don't make me ›meschugge‹, my labour is hard enough«.

Gemeint war: Mach mich wegen des Ostafrika-Projekts nicht weiter verrückt. Es wird sowieso nichts. Das britische Außenministerium hat den Plan schon vor Wochen aufgegeben. Und mit Palästina wird es auch nichts, hätte er gleich hinzufügen können. Denn er hielt einen Brief des russischen Botschafters in Konstantinopel in Händen, der mitteilte, daß er zwar aus St. Petersburg die Anweisung erhalten hatte, beim Sultan vorstellig zu werden, »ich habe aber bis jetzt noch nichts getan, und es wird nicht leicht sein, etwas zu tun«.[107] Aus dem

Diplomatischen übersetzt, hieß das: Schlagen Sie sich die Idee aus dem Kopf. Fazit: Anfang Januar 1904 gab es keine reelle Chance für den Judenstaat, weder in Ostafrika noch in Palästina. Das war der Stand der Dinge, aber an diese Aussichtslosigkeit hatte Herzl sich ja gewöhnt. Er konzentrierte sich jetzt auf einen neuen europäischen Schauplatz: Italien. Er plante eine Rom-Reise. Dem Papst und dem König wollte er seine Idee vortragen, vielleicht käme die Sache auf diese Weise voran.

8. Januar 2004: Die Wochenzeitschrift »Die Zeit« titelt »Israels Bevölkerung ist bereit für einen neuen Friedensplan«. Avi Primor, israelischer Botschafter in Deutschland von 1993 bis 1999 und jetzt Leiter der Europastudien an der Universität Herzliya (!), beschreibt die sogenannte »Genfer Vereinbarung«. Das ist ein zwischen Politikern der israelischen Opposition und Ministern der palästinensischen Autonomiebehörde im Verlauf von drei Jahren ausgehandelter Entwurf, der nach fünf Kriegen und zwei Aufständen der Palästinenser gegen die Israelis, inmitten einer schier ausweglos erscheinenden Gewaltsituation, Frieden schaffen soll.

Zitat: »In der Genfer Vereinbarung werden die Fragen der Heiligen Stätten, der Flüchtlinge, der Wirtschaftsprobleme, der Wasservorräte wie auch die der Siedlungen, des Endes der Besetzung, des Austausches von Territorium und der Teilung der Stadt Jerusalem, selbst die zukünftige enge Zusammenarbeit zwischen dem palästinensischen und dem israelischen Staat gezielt angesprochen und mit Sorgfalt und Akribie bis auf das letzte Detail, den letzten Quadratzentimeter, den letzten Stein geregelt.«

18. Januar 1904: Herzl machte sich nach Italien auf, gönnte sich »ein vierundzwanzigstündiges Aufatmen« in Venedig. Und wie seine Reiseabenteuer so verlaufen, trifft er an diesem einzigen Abend in der Lagunenstadt im österreichischen »Bierhaus Bauer« einen Wiener Maler von einigem Renommée, der gerade ein Porträt des Papstes Pius X. gemalt hat und dafür in den päpstlichen Grafenstand erhoben worden war: Berthold Dominik Graf Lippay. Er kam an Herzls Tisch und bot sich an, ihm »sofort« eine Audienz beim Papst zu verschaffen, bei der er gerne auch selbst als Dolmetscher fungieren wolle. Das einzige, was Herzl tun müßte, wäre, folgendes Telegramm abzusetzen: »Graf Lippay, Maler Seiner Heiligkeit stop Vatikanvorzimmer stop Ich bitte Sie inständig, mir eine Audienz beim Heiligen Vater zu erwirken stop Ich erwarte Ihre Antwort Florenz Grand Hotel stop«.[108]

Kaum zu glauben, aber die Sache funktionierte. Am 22. Januar wurde Herzl vom Kardinalstaatssekretär Raffaele Merry del Val und am 25. Januar von Papst Pius X. empfangen.

»Ich kam 10 Minuten vor der Zeit und mußte gar nicht warten. Durch viele kleine Salons wurde ich zum Papst geführt.

Er empfing mich stehend und reichte mir die Hand, die ich nicht küßte.

Lippay hatte mir gesagt, ich müsse es tun, aber ich tat es nicht.

Ich glaube, dadurch verdarb ich es mir mit ihm, denn jeder, der zu ihm kommt, kniet nieder und küßt ihm mindestens die Hand.

Dieser Handkuß hatte mir viel Sorgen gemacht. Ich war ganz froh, als ich endlich darüber weg war.

Er setzte sich in einen Armstuhl, ein Thron für kleinere Gelegenheiten. Mich lud er ein, dicht neben ihm niederzusitzen, und er lächelte freundlich wartend.

Ich begann:

›Rigrazio Vostra Santità per il favore di m'aver accordato quest'udienza.‹

›È un piacere‹, sagte er gütig abwehrend.

Ich entschuldigte mein miserables Italienisch, aber er sagte: ›No parla molto bene, Signor Commendatore.‹

Denn ich hatte zum erstenmal – auf Lippays Rat – mein Medschidije-Band angelegt. Daraufhin nannte mich der Papst immer *Commendatore*.

Er ist ein guter grobschlächtiger Landpfarrer, dem das Christentum selbst noch im Vatikan etwas Lebendes geblieben ist.

Ich unterbreitete ihm kurz mein Anliegen. Er aber – vielleicht durch den verweigerten Handkuß gereizt – antwortete streng und bestimmt:

›Wir können diese Bewegung nicht begünstigen. Zwar werden wir auch nicht verhindern können, daß die Juden nach Jerusalem gehen – aber befürworten können wir dies nie. Auch wenn der Boden Jerusalems nicht immer heilig war, so ist er doch geheiligt durch das Leben Jesu Christi (er sagte nicht Gesu, sondern venezianisch Jesu). Als Oberhaupt der Kirche kann ich Ihnen nichts anderes sagen. Die Juden haben unseren Herrn nicht anerkannt, deshalb können wir das jüdische Volk nicht anerkennen.‹

Zunächst versuchte ich es allerdings gütlich. Ich sagte mein Sprüchlein von der Exterritorialisation, *res sacrae extra commercium*, her. Es machte nicht viel Eindruck. *Gerusalemme* dürfte nicht in die Hände der Juden kommen.

›Und der jetzige Zustand, Heiliger Vater?‹

›Ich weiß, es ist nicht angenehm, daß die Türken unsere heiligen Stätten besitzen. Das müssen wir eben ertragen. Aber die Juden in der Erlangung der heiligen Stätten begünstigen, das können wir nicht.‹

Ich sagte, wir wären nur von der Judennot ausgegangen und wollten den Religionsfragen ausweichen.

›Ja, aber wir, ich als Haupt der Kirche, können es nicht. Zwei Fälle sind möglich. Entweder die Juden bleiben bei ihrem Glauben und erwarten noch den Messias, der für uns schon gekommen ist. Dann leugnen sie die Gottheit Jesu und wir können ihnen nicht helfen. Oder sie gehen ohne jede Religion hin, dann können wir erst recht nicht für sie sein.

Die jüdische Religion war die Basis der unseren; aber sie wurde ersetzt durch die Lehre Christi, und wir können ihr keinen weiteren Bestand zuerkennen. Die Juden, welche die Ersten hätten sein sollen, Jesum Christum zu erkennen, haben ihn noch heute nicht anerkannt.‹

Es schwebte mir auf der Zunge: ›So geht es in jeder Familie zu. Die Familie glaubt nicht an ihre Angehörigen.‹ Aber ich sagte statt dessen: ›Der Schrecken und die Verfolgungen waren vielleicht nicht die richtigen Mittel, um die Juden zu belehren.‹

Aber er entgegnete, und diesmal war er großartig in seiner Einfachheit: ›Unser Herr kam ohne Macht. Era povero. Er kam *in pace*. Er verfolgte niemand. Man verfolgte ihn. Sogar von den Aposteln wurde er *abbandonato*. Erst nachher wuchs er. Erst nach drei Jahrhunderten war die Kirche entwickelt. Die Juden hatten also Zeit, sich ohne Druck zu seiner Gottheit zu bekennen. Aber sie tun es noch heute nicht.‹

›Aber, Heiliger Vater, es geht den Juden entsetzlich schlecht. Ich weiß nicht, ob Ew. Heiligkeit den ganzen Umfang dieser traurigen Lage kennen. Wir brauchen ein Land für diese Verfolgten.‹

›Muß es *Gerusalemme* sein?‹

›Wir verlangten nicht Jerusalem, sondern Palästina, nur das profane Land.‹

›Wir können nicht dafür sein.‹

›Kennen Sie, Heiliger Vater, die Lage der Juden?‹

›Ja, von Mantua her. Dort gibt es Juden. Ich war auch immer in guten Relationen mit Juden. Erst neulich abends waren zwei Juden hier bei mir. Es gibt ja noch andere Beziehungen als die der Religion: die Höflichkeit und die Wohltätigkeit. Die versagen wir den Juden nicht. Wir beten ja auch für sie: daß ihr Sinn erleuchtet werde. Gerade heute begeht die Kirche das Fest eines Ungläubigen, der auf dem Wege nach Damaskus auf wunderbare Weise zum rechten Glauben bekehrt wurde. Und so, wenn Sie nach Palästina kommen und Ihr Volk ansiedeln werden, wollen wir Kirchen und Priester bereit halten, um Sie alle zu taufen. […]

Dauer der Audienz etwa 25 Minuten.

In den Stanzen Raffaels, in denen ich dann eine Stunde verbrachte, sah ich den Kaiser, der sich kniend vom Papste, der sitzt, die Krone aufsetzen läßt.

So will es Rom haben.«

Zwei Tage zuvor war Herzl auch vom italienischen König Viktor Emanuel III. empfangen worden. Diese Audienz war nicht vom päpstlichen Grafen, sondern vom italienischen Aktionskomitee der zionistischen Bewegung organisiert worden. Der König befand sich in einer guten moralischen und rechtlichen Position, die er auch gleich zu Beginn der Unterredung deutlich machte:

»›Bei uns gibt's keine Differenz zwischen Juden und Christen. Die Juden können alles werden, sie werden auch alles. Armee, Ämter, selbst Diplomatie – überall ist ihnen alles zugänglich. Im Parlament sind 18 – obwohl nach der Bevölkerungszahl kaum einer, vielleicht ein halber, sein sollte. Fast in jedem Kabinett sitzt ein Jude – jetzt Luzzatti. Früher war es Gen. Ottolenghi und Wollemborg. Von den unteren Stellen gar nicht zu reden. Wir sind die einzigen, die Juden in die Diplomatie lassen.‹

›Auch Amerika, Sire!‹

›Ich meine die europäischen Monarchien. Bei uns sind die Juden ganz Italiener.‹«

Dann brachte Herzl sein Anliegen vor: er bäte um eine Intervention des Königs beim Sultan wegen Palästina. Viktor Emanuel kannte Palästina gut, er hatte es mehrmals bereist. Er fand es »›schon sehr jüdisch. Es wird und muß Ihnen zufallen, es ist nur eine Frage der Zeit. Wenn Sie erst eine halbe Million Juden dort haben.‹« Der Zugang müßte mit Bakschisch gelöst werden, das einzige Mittel, das auf den Sultan und seinen Hofstaat wirke. Schließlich kam Herzl noch einmal auf den Brief, den der König doch bitte nach Konstantinopel senden möchte, zu sprechen. Darauf bekam er die Antwort, die ihm nur allzu gut aus ähnlichen Gesprächen bekannt war. Der König erklärte: »›Ich wäre gern bereit; aber ich kann ja nicht tun, was ich will. Wenn ich Ihnen jetzt etwas verspreche und es dann nicht halte – das wäre doch nicht, wie ein *galantuomo* vorgeht. Ich muß mich erst beraten. Sprechen Sie auch mit Tittoni (dem Minister des Äußeren). Ich sehe ihn heute abend, werde ihn auf Ihren Besuch vorbereiten. Ich verspreche Ihnen nur meinen guten Willen, nicht meine Tat.‹«[109]

Dieser »gute Wille« der Großmächtigen – wenn es um diese

Zeit nur auf ihn angekommen wäre, dann wäre der Judenstaat schon einige Male gegründet worden. Allein darauf kam es eben nicht an. Herzl hatte noch ein Gespräch mit Außenminister Tittoni. Dieser versprach, den italienischen Botschafter in Konstantinopel aufzufordern, sich mit dem russischen Botschafter in der palästinensischen Angelegenheit zusammenzutun. Herzl war wieder ganz begeistert und sah die beiden Diplomaten schon beim Sultan vorstellig werden. Wunderbar! Wunderbar!

Tagebucheintrag vom 28. Januar: »Bilanz von Rom doch gut.«

Ach, und dann war da noch der päpstliche Graf Lippay. Er präsentierte Herzl nun die Rechnung für seine Dienste. »Er brauche Geld. Viel Geld. Einen Haufen Tausender.« So ging es irgendwie immer. Herzl versprach, sich in Wien an den Mäzen David von Gutmann zu wenden.

27. Januar 2004: Die Tageszeitung »Hamburger Abendblatt« interviewt Jan Philipp Reemtsma, den Leiter des Hamburger Instituts für Sozialforschung, zum Thema Vergangenheitsbewältigung in Deutschland. Zitat: »Der Antisemitismus ist in Europa die kontinuierlichste Ideologie und hat weniger Brüche als das Christentum selber. Es wäre ganz wundersam, wenn sich diese konstante Obsession einfach auflösen würde. Politische Aufklärung ist gegen solche Obsessionen vergleichsweise machtlos. Aber man kann ihre politische Wirksamkeit beschränken.«

4. Februar 1904: Herzl ging in Wien sofort zum reichen Kohlenhändler Gutmann und bat um 30 000 Gulden für Lippay, wahrheitsgemäßig als Finanzierung »einer Verbindung mit Rom«. Gutmann lehnte ab. Am gleichen Tag entwarf Herzl ein langes Schreiben an den italienischen Außenminister, worin er noch einmal mit geradezu flehenden Worten um die Intervention beim Sultan bat. »Es ist schwierig, ohne Erschütterung die elende Lage zu nennen, in der unsere jüdischen Armen in Rußland, Rumänien, Galizien usw. dahinvegetieren. Die Auswanderung nach Amerika ist kein Heilmittel. Überall finden sie sich in ihrem politischen, sozialen und wirtschaftlichen Elend wieder, auch in den freien Ländern, die übrigens ihre Tore vor dieser Einwanderung zu schließen beginnen. Der Antisemitismus macht ihnen überall das Leben schwer.«

7. Februar 2004: Die Tageszeitung »Die Welt« veröffentlicht einen dreispaltigen Artikel »›Tätervolk‹-Rede bleibt straflos. Kein Verfahren gegen Hohmann«. Zitat: »Die Fuldaer Staatsanwaltschaft hat mitgeteilt, daß mit der umstrittenen Rede des früheren CDU-Bundestags-Abgeordneten Martin Hohmann keine Straftatbestände verwirklicht seien. Hohmann hatte aus jüdischen Familien stammende Bolschewisten allein wegen ihrer Herkunft zu Juden erklärt, obwohl sie sich von der Religion losgesagt hatten. Anschließend erklärte er, jene jüdischstämmigen Bolschewisten seien für die Verbrechen während der kommunistischen Revolution in Rußland verantwortlich gewesen. Außerdem zog Hohmann eine Trennung zwischen Deutschen und Juden und bezeichnete die Religionsgemeinschaft als ›Tätervolk‹.«

Am gleichen Tag berichtet die ARD-Nachrichtensendung »Tagesschau« aus Israel von Demonstrationen an der neu gebauten Trennmauer zwischen palästinensischen und israelischen Gebieten. »No Wall«, fordern sowohl palästinensische wie israelische Protestierer. Der israelische Schriftsteller Uri Avneri sagt in die Kamera: »Diese Mauer hat mit Terror nichts zu tun, sie hat mit unserem Schutz nichts zu tun, sie nimmt den Palästinensern Lebensraum weg.«

9. Februar 1904: Das Ostafrika-Projekt kam doch wieder auf die Tagesordnung Die Londoner Zionisten hatten weiterverhandelt, und die Befürworter im Außenministerium nutzten eine kurzfristige Regierungskrise für Zusagen. Herzl geriet in eine schreckliche Zwickmühle: Das Projekt, das die überwiegende Mehrheit seiner Leute auf gar keinen Fall wollte, kam voran, während das Vorhaben Palästina immer vager, immer unwahrscheinlicher wurde. Er ging auf das Londoner Angebot unter der Bedingung striker Geheimhaltung und vorbehaltlich späterer Zustimmung seiner Gremien ein, wohlwissend, daß er diese Zustimmung nie erhalten würde. Tagebucheintrag: »Der Schlaf wird immer schlechter.«

20. Februar 2004: Die »Süddeutsche Zeitung« veröffentlicht eine ganze Artikel-Serie zum Problem *Antisemitismus in Europa*. Die Überschriften lauten »Konturen eines Monsters – antijüdische Attacken häufen sich«, »Gewalttaten werden verharmlost – Vorurteile gegen Juden sind in breiten Bevölkerungsschichten Europas wieder salonfähig«.

Anlaß ist ein Seminar in Brüssel, zu dem Romano Prodi, der Präsident der EU-Kommission, eingeladen hatte. Bittere Sätze sind da zu hören. Zitat: »›Europas Juden sehen sich zunehmend durch Antisemitismus und die Gleichgültigkeit ihrer Mitbürger bedroht. Das Ungeheuer ist wieder bei uns‹, sagte der Vorsitzende des Europäischen Jüdischen Kongresses, Cobi Benatoff. Und Außenminister Joschka Fischer forderte, ›die Menschen in Europa müßten sich mit Zivilcourage der aufkeimenden Judenfeindlichkeit entgegenstellen‹.«

23. Februar 1904: Der Besuch, der an diesem Tag in der Wiener Wohnung erschien, war selbst für Herzls Verhältnisse außergewöhnlich. Ein gewisser Ali Nouri Bey, angeblich Ex-Generalkonsul der Türkei, unterbreitete ihm folgenden Vorschlag: »Mit zwei Kreuzern in den Bosporus fahren, Yildiz bombardieren, den Sultan fliehen lassen oder fangen, einen anderen Sultan einsetzen, aber vorher eine provisorische Regierung bilden, die den Charter für Palästina herausrückt.«

Endlich eine Tat, nach so vielen Bekundungen guten Willens! Ein Vorschlag zum Handeln. Und eine Rechnung gleich hinterher. »Die zwei Kreuzer kosten 400 000 englische Pfund, das Übrige 100 000. Mit tausend Mann sei die Sache zu machen.«

Eine halbe Million Pfund also, und bei einem Fehlschlag hätten die »Unternehmer« ihr Leben verloren, wer immer das sei.

Herzl beschied den phantasievollen Verschwörer: »Ich stand bisher immer auf dem Standpunkt, daß ich nur mit der bestehenden Regierung des Landes verhandeln könnte, nicht mit einer kommenden!«

Aber, aber, aber: Wenn die Gruppe um Ali Nouri Bey die jetzige im Yildiz ablöst, könnte man ihn doch vielleicht als Vermittler verwenden. »So hatte ich auch schon einen Faden zur kommenden Macht.« Also Hinhalten, Taktieren, ein gewisses Interesse zeigen, Bekundung des guten Willens. Vom italienischen Außenminister erhielt er im übrigen am gleichen Tag einen Absagebrief: »die Sache ließe sich mangels notwendiger Vorbedingungen nicht vertreten.«

29. Februar 2004: Die Berliner Tageszeitung »Der Tagesspiegel« verbreitet eine Meldung der Nachrichtenagentur Agence France Press aus Jerusalem. Zitat: »Der israelische Ministerpräsident Ariel Scharon hat den palästinensischen Regierungschef Ahmed Kurei scharf angegriffen und ihm vorgeworfen, mit ihm sei keine Friedenslösung möglich. Kurei stehe an der Spitze einer ›Regierung des Mordes und der Lügen‹, sagte Scharon am Dienstag in einem Interview. Die Erklärung gehört zu den schärfsten Angriffen Scharons gegen den palästinensischen Ministerpräsidenten.«

5. März 1904: Wieder saß Ali Nouri Bey in Herzls Arbeitszimmer. Er spielte bereits die Seeschlacht durch. Der berühmte Feuilletonist kam nicht umhin, die Angelegenheit spannend zu finden. »Sehr hübsch, wie er die beiden Kreuzer in den Dardanellen durch zwischen ihnen und den Forts fahrende Kauffahrer-Schiffe decken will. So ein Kapitän macht das für 50 oder 100 englische Pfund. Das ist jedenfalls ein höchst intelligenter Verschwörer und Abenteurer.«

Am gleichen Tag überarbeitete er sein Testament aus dem Jahr 1900. »Ich wünsche das Leichenbegängnis der ärmsten Klasse, keine Reden und keine Blumen. Außerdem wünsche ich in einem Metallsarg neben meinem Vater beigesetzt zu werden und dort zu liegen, bis das jüdische Volk meine Leiche nach Palästina überführt.«[110]

Seine Freunde stellten in diesen Märztagen eine erschrekkende Veränderung im Aussehen Herzls fest. »Die stattliche Gestalt war gebeugt, das Gesicht gelbfahl, die Augen getrübt, der Mund schmerzhaft verzogen.«[111]

Die Eintragungen im Tagebuch werden spärlicher, sie bestehen jetzt fast nur noch aus Briefentwürfen, Vollmachten und Anweisungen.

14. März 2004: In den Abendnachrichten von ARD und ZDF wird über Selbstmordanschläge in der israelischen Hafenstadt Aschdod berichtet. 14 Menschen wurden getötet, darunter die beiden palästinensischen Attentäter. Nur wenige Stunden später beschießen israelische Kampfhubschrauber die Stadt Gaza. Und in den Morgenstunden danach beschießen Palästinenser im Gaza-Streifen einen mit jüdischen Siedlern besetzten Bus mit einer Panzerfaust.

18. März 1904: Der Pariser Anwalt Leopold Kahn machte sich für Herzl auf den Weg nach Konstantinopel. Er soll Pachteinnahmen in Aussicht stellen und eine lukrative Anleihe. Herzl betrachtete dieses Angebot als allerletzten Versuch. Seine Bemühungen richteten sich jetzt wieder auf Wien. Über den Ministerpräsidenten von Körber versuchte er seit Wochen mit dem österreichischen Außenminister Goluchowski ins Gespräch zu kommen. Die Tage waren bestimmt von Absagen, Warten, Mißerfolgen, Todesnachrichten. Oberst Goldsmid, der unermündliche Daniel Deronda, starb am 28. März in Paris. Kahn kehrte unverrichteter Dinge aus Konstantinopel zurück. Jeden Nachmittag von drei bis vier Uhr arbeitete Herzl in der Feuilleton-Redaktion der »Neuen Freien Presse«.

22. März 2004: Sondermeldungen aller Informationssysteme berichten über die gezielte Tötung des Führers der radikalislamischen Organisation Hamas, Scheich Ahmed Jassin. Zitat aus dem »Tagesspiegel«: »Israelische Hubschrauber feuerten drei Raketen auf den im Rollstuhl sitzenden 67-Jährigen, als dieser am frühen Morgen eine Moschee verließ. Israel begründete die Tötung damit, Jassin sei ›der gefährlichste Terroristenführer‹ gewesen. Etwa 200 000 Menschen nahmen an der Beerdigung des Hamas-Gründers teil. Bewaffnete Palästinenser kündigten Vergeltungsangriffe mit ›hunderten Toten‹ an. Die Tötungsaktion stieß weltweit auf Kritik.«

11. April 1904: Herzl lud seine Gremien nach Wien, das Große Aktionskomitee und das Engere Aktionskomitee. Zwei Tage Vorwürfe und Angriffe. Es ging um das Angebot der englischen Regierung, in Uganda zu siedeln. Sollte dieser Vorschlag auf dem nächsten Kongreß zur Abstimmung gestellt werden? Und es ging um die vielen fehlgeschlagenen Palästina-Versuche. Es stimmte: Herzl hatte als Präsident der zionistischen Bewegung in sieben Jahren nicht viel erreicht. Das wußte er selbst am besten.

Nach zwei Tagen erregter Diskussion bekam er das Mandat, mit England »vorläufig« weiterzuverhandeln und eine Expedition nach Afrika zu schicken, die die Gegebenheiten vor Ort prüfen sollte. Er bat seine Leute um Offenheit in der Diskussion, Verständnis für die Schwierigkeiten und Geduld. Er bekam schließlich viel Beifall. Aber er wurde das Gefühl eines drohenden Zusammenbruchs nicht los: Zusammenbruch der Bewegung, Zusammenbruch seiner selbst. Der Biograph Alex Bein schrieb: »Die Konferenz gab ihm wohl auch körperlich den Rest. Schon vor Beginn der Sitzung erschreckte er die Freunde durch sein Aussehen. Mit der ihm eigenen Energie riß er sich wieder hoch, wenige der Teilnehmer ahnten, wie sehr ihn die Verhandlungen anstrengten und abnützten.« Am 13. April verließen die Komitee-Mitglieder Wien.

14. April 2004: Alle Medien berichten über die Reise des israelischen Ministerpräsidenten Scharon in die USA. Er will dem amerikanischen Präsidenten seinen neuen Israel-Plan vorlegen:

Der »Tagesspiegel« zitiert: »Rückzug aus dem Gazastreifen, einige exponierte Siedlungen in der Westbank räumen, im Gegenzug allerdings mindestens fünf große Siedlungen in der Westbank ›bis in alle Ewigkeiten‹ behalten. Besiegelt werden soll das territoriale Faktum durch den Bau eines Zaunes, der freilich nicht entlang der Grenze von 1967 verläuft.« Die Frage, die alle Kommentatoren stellen, lautet: »Schafft Israel einseitig Tatsachen, um die Errichtung eines palästinensischen Staates auf den Sankt-Nimmerleins-Tag zu verschieben?«

Am gleichen Tag macht noch eine andere Nachricht Schlagzeilen: »Anschlag auf Holocaust-Gedenkstätte in Budapest vereitelt. Zwei Tage vor der geplanten Eröffnung. Ungarische Polizei nimmt drei Araber fest. Israels Präsident Mosche Katzav will Museum trotzdem einweihen.«

Nach 60 Jahren sollte in Budapest endlich der mörderischen Deportation von mehr als 437 000 ungarischen Juden nach Auschwitz-Birkenau gedacht werden, die die ungarische Regierung in Kollaboration mit den Nationalsozialisten 1944 durchführte. Ungarns Staatschef Férenc Mádl und Israels Präsident Mosche Katzav wollten ein Zeichen setzen, nicht nur in bezug auf die so lange totgeschwiegene Vergangenheit, sondern auch in bezug auf die kaum kaschierte antisemitische Gegenwart, in der man zum Beispiel im ungarischen Schriftstellerverband 2004 ungestraft und ungerührt antisemitische Reden schwingen kann. »Der Tagesspiegel« zitiert: »Aufklärung ist notwendig. 55 Prozent der Bevölkerung wissen kaum etwas über den Holocaust. Dabei sind die Juden in Ungarn wieder heimisch geworden. Mit 85 000 Menschen ist der jüdische Bevölkerungsanteil Budapests der größte aller Städte in Mitteleuropa.« Nach der feierlichen Eröffnung der Gedenkstätte, die um eine verlassene Synagoge gebaut und von einer dreimal mannshohem Mauer aus weißen Kalkstein umgeben ist, organisierten Schüler und Studenten einen Fackelzug. Zitat: »Tausende von Menschen zogen zur Donau, um an die Greueltaten der Pfeilkreuzler zu erinnern. Sie hatten 1944 jede Nacht 50 bis 60 Juden, insgesamt 5 000, am Ufer ermordet, indem sie sie aneinander banden und den ersten erschossen. Der Tote zog die anderen mit ins Wasser.«

Zum ersten Mal wurde in Budapest öffentlich dieser Schandtat gedacht.

19. April 1904: Herzl schrieb an Ali Nouri Bey und klebte den kurzen Brief in sein Tagebuch ein: »Sehr geehrter Herr, es tut mir sehr leid, auf Ihre Proposition nicht eingehen zu können. Mit hochachtungsvollem Gruß Ihr ergebener Herzl.«

21. April 2004: Die Wiener »Presse« berichtet: »Kaum Chancen für ›Theodor-Herzl-Platz‹.« Was ist geschehen? Niemand weiß es so genau. Im Jahr zuvor hatte der Bildhauer Alfred Hrdlicka, von dem das große Holocaust-Mahnmal auf dem Albertinaplatz stammt, vorgeschlagen, diesen prominenten Ort im I. Bezirk in Theodor-Herzl-Platz umzubenennen. Rechtzeitig zum 100. Todestag sollte dies geschehen. Zitat: »Mittlerweile sind aber in allen Parteien heftige Diskussionen zwischen Befürwortern und Gegnern der Idee entbrannt. Vor allem innerhalb der ÖVP gibt es Widerstände. Hauptsächlich wird argumentiert, daß Herzl kein Opfer des Holocaust sei. Der Albertinaplatz sei aber dem Kampf gegen den Faschismus gewidmet.«

27. April 1904: Briefe, Briefe, Briefe. An den amerikanischen Millionär Jacob Henry Schiff wegen finanzieller Unterstützung der Uganda-Expedition. An Lord Rothschild in London in gleicher Angelegenheit. Dann kam eine Nachricht aus dem Außenministerium: Graf Goluchowski stünde für ein Gespräch zur Verfügung. Die Unterredung fand am 30. April statt und war eine Wiederholung all der vorher geführten Dialoge. Der Außenminister riet zu einer großen Unternehmung. Nicht Land für 100 000 oder 200 000 Menschen fordern, dafür würden sich die Großmächte nicht in Bewegung setzen. »Wohl aber, wenn Sie von der Türkei Land und Gerechtsame für fünf bis sechs Millionen Juden verlangten.« Nichts anderes wolle er ja, hielt Herzl entgegen und stellte dann – wie immer – die Frage der Fragen: »Wollen Sie, Excellenz, sich an die Spitze dieser Action setzen?« Na ja, und dann kam von der Gegenseite wie immer die Antwort: »Nicht jetzt!« Die übliche Bekundung guten Willens, keinerlei Aussicht auf Handeln.

Herzl hatte nach der Unterredung einen Termin bei mehreren Ärzten. Er fühlte sich so müde und erschöpft wie nie zuvor. Die Ärzte diagnostizieren schwere Veränderungen des Herzmuskels und verordneten eine Kur in Franzensbad. Diesmal folgte er dem ärztlichen Rat.

2. Mai 2004: In Israel stimmt die regierende Likud-Partei über den Plan von Ministerpräsident Scharon ab, durch die Räumung des Gazastreifens, den Ausbau der wichtigsten jüdischen Siedlungen auf der West Bank und einen durchgehenden Sperrwall die dauerhafte Trennung von den Palästinensern zu vollziehen. Die Auszählung der Stimmen am späten Abend ergibt eine deutliche Niederlage für den Parteivorsitzenden und Ministerpräsidenten: Fast 60 % der Parteimitglieder lehnen den Plan ab. Diese Absage hat allerdings keine bindende Wirkung für die Regierungspolitik. Sie gilt lediglich als Stimmungsbarometer innerhalb der Partei.

2. Mai 1904: Herzl feierte seinen 44. Geburtstag. Das heißt, von Feiern ist nichts überliefert. Sonst spiegelten die Tagebucheintragungen vom 2. Mai immer seine Euphorie oder Verzweiflung, den Hunger nach Erfolg oder die Enttäuschungen über die zerstobenen Hoffnungen, und es wurde eine Bilanz des vergangenen Jahres gezogen. Diesmal notierte er nur über mehrere Seiten akribisch genau das vergebliche Gespräch mit dem österreichischen Außenminister, welches zwei Tage zuvor stattgefunden hatte. Dazwischen gibt es einen lakonischen Satz: »Ich fühlte mich schon lange müde, ging aber weiter.«

Ein 44 Jahre alter, ausgebrannter, todkranker Mann war Herzl an diesem Tag. »Ein zu Schanden gearbeiteter«, wie er seinem Freund Wolffsohn später schreiben wird. Sein Tagebuch enthält noch vier Eintragungen, genauer gesagt Briefe: an den russischen Innenminister Plehwe, an den päpstlichen Grafen Lippay, an den Sektionschef des österreichischen Außenministers und an den New Yorker Finanzmann Jacob Schiff. Mitten in einer Bitte um Unterstützung bricht das Tagebuch am 16. Mai ab.

Vom Krankenlager gab es nach langer Zeit ein paar liebevolle Worte über seine Frau. Seiner Mutter berichtete er: »Julie hat sich in den letzten Wochen wieder großartig bewährt. Sie hat mich ausdauernd und aufopfernd gepflegt, wie sie ihre Kinder pflegte, wenn sie krank waren. Ihre Leistung ist über jedes Lob erhaben.«[112]

Nach Wien kehrte er nur noch einmal für einige Tage zurück. Am 3. Juni breitete er über seinen aufgeräumten Schreibtisch einen großen Bogen weißes Papier mit den Worten: »In the midst of live there is death.« Dann brachte ihn Julie in ein Sanatorium nach Edlach bei Reichenau. Dort starb er einen Monat später. Sein letzter Wunsch war, die Mutter zu sehen, die geliebte Mamakám.

Am Begräbnis in Wien am 7. Juli 1904 nahmen mehr als 6000 Menschen teil. Hier die Beschreibung von Stefan Zweig:

»Ein sonderbarer Tag war es, ein Tag im Juli, unvergeßlich jedem, der ihn miterlebte. Denn plötzlich kamen auf allen Bahnhöfen der Stadt, mit jedem Zug bei Tag und Nacht aus allen Reichen und Ländern Menschen gefahren, westliche, östliche, russische, türkische Juden, aus allen Provinzen und kleinen Städten stürmten sie plötzlich herbei, den Schreck der Nachricht noch im Gesicht; niemals spürte man deutlicher, was früher das Gestreite und Gerede unsichtbar gemacht, daß er der Führer einer großen Bewegung war, der hier zu Grabe getragen wurde. Es war ein endloser Zug. Mit einemmal merkte Wien, daß hier nicht nur ein Schriftsteller oder mittlerer Dichter gestorben war, sondern einer jener Gestalter von Ideen, wie sie in einem Land, in einem Volk nur in ungeheuren Interwallen sich sieghaft erheben. Am Friedhof entstand ein Tumult; zu viele strömten plötzlich zu seinem Sarge, weinend, heulend, schreiend in einer wild explodierenden Verzweiflung, es wurde ein Toben, ein Wüten fast; alle Ordnung war zerbrochen durch eine Art elementarer und ekstatischer Trauer, wie ich sie niemals vordem und nachher bei einem Begräbnis gesehen. Und an diesem ungeheuren, aus der Tiefe eines ganzen Millionenvolkes stoßhaft aufstürmenden Schmerz konnte ich zum erstenmal ermessen, wieviel Leidenschaft und Hoffnung dieser einzelne und einsame Mensch durch die Gewalt seines Gedankens in die Welt geworfen.«[113]

Nachwort

Für mich war Theodor Herzl eine Klischeefigur: Israel-Gründer, Verfasser des Romans »Altneuland«. Allerdings hatte sich mir seit Kinderjahren, ich war zwölf Jahre alt, als der Staat Israel gegründet wurde, ein Bild von ihm eingeprägt. Es stammte aus einem berühmten Foto von 1948, auf dem Ben Gurion die Staats-Proklamation verliest. Er steht dabei unter einem Porträt Herzls, das einen gutaussehenden, vollbärtigen Mann im Frack zeigt.

2002 erhielt ich eine Anfrage der Universität Wien: Ob mich die Theodor-Herzl-Dozentur für Poetik des Journalismus interessieren würde? Poetik des Journalismus, gut. Aber was hatte Theodor Herzl damit zu tun? Es kam eine etwas enttäuschte, professorale Gegenfrage: »Ja, wissen Sie denn nicht, daß Herzl einer der bedeutendsten Journalisten des ausgehenden 19. Jahrhunderts in Wien war?« Solchermaßen unwissend bin ich auf Herzl gekommen.

Zunächst auf den Journalisten, den Geschichtenerzähler, den Feuilletonisten, den Reporter, den politischen Korrespondenten. Als ich seine Texte über die Dreyfus-Affäre las, fing ich ganz von vorn an, befaßte mich mit seiner Lebensgeschichte. Welch ein Roman! Welch eine historische Lektion! Und auf einmal befand ich mich in Reich des Dämons Antisemitismus. Ich verstand jetzt, daß dieser Dämon einen Kreis um unser Leben zieht, vom Gestern ins Heute. Immer, wenn wir meinen, er sei verschwunden, taucht er wieder auf. Unter neuen Masken, neuen Namen. Das zeigt das Leben von Theodor Herzl, sein Denken, Arbeiten, Hoffen, sein Kampf und sein Traum vom freien Staat der Juden.

Der Dämon Antisemitismus ist das Lebensthema Herzls.

Die Wutschreie in Paris: »A mort! A mort les juifs!«

Die Zynismen des russischen Finanzministers: »Wenn es möglich ist, Majestät, fünf bis sechs Millionen Juden im Schwarzen Meer zu ersäufen …«

Die Pogrome auf dem Balkan und in Galizien.

Die Zwischenrufe im österreichischen Parlament: »Zieh ab, Jud!«

Das satirische Gebet: »Und erlöse uns vom Juden-Übel. Amen.«

Nichts ist ihm erspart worden. Alles hat er genau beschrieben und dokumentiert. Und schließlich hat er uns, den Mehrheits-Europäern, die bittere Botschaft übermittelt: »Wir haben alles versucht, wir haben uns redlich bemüht – ihr wollt uns nicht, wir gehen!«

Er träumte von einem Weggehen aus Europa hocherhobenen Hauptes. Wir wissen, was statt dessen kam: Mord, Krieg, Holocaust.

Was ist an den Ideen Herzls heute wichtig?

Die Erkenntnis, daß der Kampf gegen den Dämon Antisemitismus weitergehen muß. In Europa. Und erst recht im Nahen Osten.

»Wo die Juden hinkommen, entsteht Antisemitismus«, war eine von Herzls Thesen. Sie bewahrheitete sich auch im Fall des real existierenden Judenstaates. Mit der jüdischen entstand eine arabische Nationalbewegung. Der europäische Antisemitismus kam in eine Region, wo er vorher so nicht vorhanden war. Und nun wird er nach Europa re-importiert durch moslemische Zuwanderer aus Nordafrika, dem Nahen Osten und der Türkei. Der Kreis, den Herzl zu durchbrechen hoffte, schließt sich wieder aufs verhängnisvollste.

In Frankreich ist das Schimpfwort »Sale juif!« längst an der Tagesordnung. In Budapest treten zwar namhafte Schriftsteller aus ihrem Verband aus, weil die Funktionäre diffamierende Reden schwingen. Diese aber halten es für ein Zeichen der neuen Demokratie, »daß man offen sagt, was viele denken«. In Deutschland erhält eine Rede, die das *jüdische Tätervolk* assoziiert, viel Applaus. Und in Wien sind prominente Politiker dagegen, den Platz des Holocaust-Denkmals Theodor Herzl zu widmen, weil der ja schließlich kein Opfer des Holocaust war.

Nachrichten aus dem Reich des Dämonen.

Was ist aus dem Ideal des Judenstaats geworden, hundert Jahre nach Herzls Tod, fast 60 Jahre nach der Proklamation Ben Gurions unter dessen Bild? *Dieses Jahr in Jerusalem:* Was würde Herzl machen? Ich bin sicher, er würde sofort anfangen zu verhandeln. Er würde sich zusammentun mit den Oppositionspolitikern, früheren Generälen, Geheimdienstchefs, Schriftstellern, Künstlern, Bürgerrechtlern – und Verhandlungen aufnehmen. Mit den Feinden, selbstverständlich mit ihnen. So, wie er mit dem russischen Innenminister verhandelt hat, den man den »Schlächter von Kischinew« nannte. Wenn man Frieden will, muß man mit dem Feind verhandeln, mit wem sonst?

Die tausend vergeblichen Versuche bisher würden ihn nicht schrecken. Sein ganzes Leben bestand aus gescheiterten Verhandlungen. Paradoxerweise ließ sich aus ihnen Jahre später politisches Kapital entwickeln. Beispiel: das Ostafrika-Projekt. Es scheiterte, wurde aber die Grundlage für die Balfour-Deklaration, die 1917 das Recht der Juden auf eine »Heimstatt« anerkannte und später zum »Palästina-Mandat« unter britischem Protektorat führte.

Dieses Jahr in Jerusalem würde Herzl seine Leute an den Verhandlungstisch holen. Ghettomauern dürfte es in seinem Staat nicht geben, und Jerusalem müßte offen sein, offen für alle. Er war ein Visionär, aber er war auch ein Pragmatiker, und eins hat er nie gewollt: andere anstelle der Juden ins Elend zu treiben. Sein Grundsatz war: Der zionistische Staat ist nicht nur eine rechtlich gesicherte Scholle, sondern strebt nach sittlicher und geistiger Vollendung. Ein aussichtsloser Grundsatz: *dieses Jahr in Jerusalem*? Niemals, würde Herzl sagen und den Kampf weiterführen gegen den Dämon Antisemitismus.

Quellenverzeichnis

1. Julius Schoeps, Theodor Herzl, 1860–1904. Wenn Ihr wollt, Ist es kein Märchen. Eine Text-Bild-Monographie. Wien: Christian Brandstätter, 1995, S. 22
2. Alex Bein, Theodor Herzl. Wien: Fiba, 1934, S. 27
3. Ebenda, S. 37
4. Andrew Handler, Dori, The life and Times of Theodor Herzl in Budapest. The University of Alabama Press, 1893, S. 112–116
5. Ebenda, S. 120
6. Alex Bein, S. 39
7. Schoeps, S. 31
8. Alex Bein, S. 81
9. Vision und Politik, Die Tagebücher Theodor Herzls. Frankfurt am Main: suhrkamp taschenbuch 374, 1976, S. 12
10. Eugen Dühring, Die Judenfrage. Leipzig: Reuther, 1886, S. 112
11. Vision und Politik, S. 12
12. Friedrich Engels, Anti-Dühring, in: Karl Marx, Friedrich Engels, Werke (MEGA), Band 20, Berlin: Dietz 1971, S. 135
13. Alex Bein, S. 65
14. Ebenda
15. Theodor Herzl, Philosophische Erzählungen. Berlin, Wien: Harz, 1919, S. 69–72
16. Schoeps, S. 44
17. Ebenda, S. 54
18. Vision und Politik, S. 16
19. Theodor Herzl, Das neue Ghetto. Berlin, Wien: Buchdruckerei »Industrie«, Selbstverlag, 1903, S. 1
20. Ebenda, S. 28, 29, 30
21. Ebenda, S. 35, 36
22. Theodor Herzl, Die Schule des Journalisten, 1895, in: Sensationen des Alltags: Meisterwerke des österreichischen Journalismus (Hg. Wolfgang R. Langenbucher). Wien: Carl Ueberreuter, 1992
23. Alex Bein, S. 124

24 Ebenda, S. 127
25 Schoeps, S. 98
26 Vision und Politik, S. 13
27 Alex Bein, S. 142
28 Ebenda, S. 143
29 Ebenda, S. 135
30 Ebenda, S. 145
31 Ebenda, S. 147
32 Julius Schoeps, Theodor Herzl und die Dreyfus-Affäre. Wien: Picus, 1995, S. 43
33 Ebenda, S. 45, 46, 47
34 Ebenda, S. 26, 27
35 Alex Bein, S. 188
36 Emile Zola, Die Affäre Dreyfus. Innsbruck: Haymon, 1998, S. 65, 75, 79
37 Ebenda, S. 78
38 Ebenda, S. 80
39 Schoeps, Dreyfus, S. 54, 56
40 Ebenda
41 Zola, S. 102, 104, 106
42 Schoeps, Dreyfus, S. 54, 56
43 Zola, S. 110, 111, 112, 113
44 Vision und Politik, S. 26
45 Ebenda, S. 11
46 Ebenda, S. 35
47 Ebenda, S. 34, 35
48 Ebenda, S. 43
49 Ebenda, S. 44
50 Ebenda, S. 37
51 Alex Bein, S. 223
52 Ebenda, S. 224
53 Vision und Politik, S. 42
54 Theodor Herzl, Der Judenstaat. Augsburg: Ölbaum, 1996, S. 25, 26
55 Ebenda, S. 33, 34, 35, 36, 37, 40
56 Shimon Peres, Zurück nach Israel. Eine Reise mit Theodor Herzl. München: List, 1998, S. 8
57 Ebenda, S. 18
58 Judenstaat, S. 91, 92

59 Ebenda, S. 92
60 Ebenda, S. 93
61 Ebenda, S. 88, 89, 90
62 Vision und Politik, S. 120
63 Schoeps, S. 95
64 Alex Bein, S. 294
65 Vision und Politik, S. 80–85
66 Ebenda, S. 95, 96
67 Ebenda, S. 94
68 Philosophische Erzählungen, S. 30, 31
69 Ebenda, S. 34
70 Ebenda, S. 35, 36, 37, 38
71 Vision und Politik, S. 74
72 Schoeps, S. 111
73 Ebenda, S. 129
74 Michael Magemeister, Die Protokolle der Weisen von Zion, in: Der Erste Zionistenkongreß von 1897. Basel: Karger, 1997, S. 337
75 Vision und Politik, S. 76
76 Ebenda, S. 125
77 Ebenda, S. 147
78 Ebenda
79 Ebenda
80 Der Erste Zionistenkongreß, S. 273
81 Alex Bein, S. 438, 439
82 Ebenda, S. 439
83 Vision und Politik
84 Ebenda
85 Shimon Peres, S. 32
86 Ebenda
87 Sumaya Farhat-Naser in: Der Erste Zionistenkongreß, S. 354
88 Shimon Peres, S. 66
89 Ebenda, S. 162, 63
90 Ebenda, S. 151
91 Theodor Herzl, Altneuland. Haifa: Haifa Publishing Company, 1962, S. 6, 7, 25, 32, 33, 45, 182
92 Alex Bein, S. 558
93 Nike Wagner, Theodor Herzl und Karl Kraus, in: Theodor Herzl und das Wien des Fin de Siècle (Hg. Norbert Leser). Wien: Böhlau 1987, S. 175

94 Ebenda, S. 175, 176
95 Ebenda, S. 176
96 Felix Salten, Neue Menschen auf alter Erde. Wien: Paul Zsolnay, 1926, S. 21–24
97 Ebenda, S. 166–175
98 Ebenda, S. 25, 26
99 Vision und Politik, S. 179
100 Ebenda, S. 232
101 Ebenda, S. 233
102 Vision und Politik
103 Ebenda
104 Gennadi E. Kagan, Prophet im Frack, Theodor Herzls russische Mission 1903. Wien: Böhlau, 2003, S. 29
105 Ebenda, S. 103
106 Ebenda, S. 114
107 Theodor Herzl, Zionistisches Tagebuch (Hg. Alex Bein u. a.). Berlin, Frankfurt am Main, Wien: Propyläen, 1985, S. 642
108 Ebenda, S. 943
109 Ebenda, S. 651
110 Alex Bein, S. 687
111 Ebenda, S. 674
112 Ebenda, S. 688
113 Stefan Zweig, Die Welt von gestern. Erinnerungen eines Europäers. Berlin, Weimar: Aufbau, S. 124 f.

Inhalt

Wer der Fremde im Lande ist
   Budapest, 1860–1878 7

Mit dem Semitismus behaftet
   Wien, 1878–1885 21

Das neue Ghetto
   Eine jüdische Tragödie 39

Nicht ungestraft ist man Journalist
   Paris, Oktober 1891–Juli 1895 49

Die Dreyfus-Affäre
   Herzl/Zola – Zwei Sichtweisen auf den Jahrhundert-
   Skandal 65

Im Bann des mächtigen Traums
   Paris, Wien, London 1895 83

»Der Judenstaat«
   Eine Denkschrift, die die Welt verändern sollte 99

Als Wanderprediger unterwegs
   Wien, Konstantinopel, London, Paris 1896 117

Schicksalsjahr 1897
   »... in Basel habe ich den Judenstaat gegründet« 135

Die Reise nach Palästina
   »Allergnädigster Kaiser und Herr!« 147

»Altneuland«
    Der Roman von der Zukunft Palästinas 167

Auf dem Karussell der Macht
    Konstantinopel, London, St. Petersburg 1900–1903 ... 187

Altneuzeit
    1904/2004: Tod und Erbe 209

Nachwort 227
Quellennachweis 231

»Man muß sich die Kunden des Aufbau-Verlages als glückliche Menschen vorstellen.«
SÜDDEUTSCHE ZEITUNG

Streifzüge mit Büchern und Autoren:
Das Kundenmagazin der Aufbau Verlagsgruppe finden
Sie kostenlos in Ihrer Buchhandlung und als Download
unter www.aufbau-verlag.de.